감정 노동 기술

나를 지켜내는
감정 노동 기술

초판 1쇄 인쇄 2020년 1월 10일
초판 1쇄 발행 2020년 1월 15일

지은이   김계순·박순주
펴낸이   홍성수
펴낸곳   (주)새로운 제안

책임편집   이혜경
마케팅   문성빈
디자인   책은우주다

등록   2005년 12월 22일 제2-4305호
주소   (07285) 서울특별시 영등포구 선유로3길 10 하우스디비즈 708호
전화   02-2238-9740   팩스 02-2238-9743
홈페이지   www.jean.co.kr   email. webmaster@jean.co.kr

인쇄·제책   예림인쇄, 예림바인딩

ISBN 978-89-5533-582-8 (13320)
ISBN 978-89-5533-583-5 (15190)

이 도서의 국립중앙도서관 출판예정도서목록(CIP)은 서지정보유통지원시스템 홈페이지(http://seoji.nl.go.kr)와
국가자료공동목록시스템(http://www.nl.go.kr/kolisnet)에서 이용하실 수 있습니다.(CIP제어번호 : 2019048503)

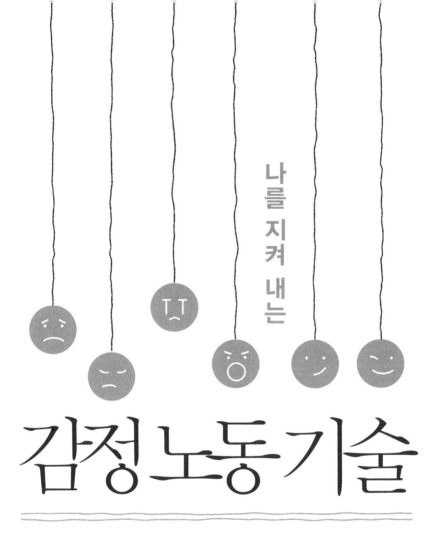

나를 지켜 내는

감정노동기술

김계순·박순주 지음

새로운제안

무릎 보호대가 없습니다

오너의 딸이자 30대 항공회사 전무는 마음에 들지 않는 브리핑을 했다고 거래처 직원에게 유리컵을 던졌다. 나이 지긋한 임직원들에게 괴성을 지르며 폭언하는 것도 그녀에게는 예사라고 한다. 당시 사람들은 그 오너의 딸이 정신적으로 심각한 문제가 있을 것이라고 입을 모았다. 그래서 그녀가 법적 제재를 당하고 일선에서 물러나자 그것으로 갑질 해프닝은 마무리되었다고 생각했다. 드물게 일어나는 그 재벌가만의 특별한 경우라고 믿었기 때문이다. 나 역시 그랬다.

최근 모임에서 지인 한 분이 자신이 다니는 대기업 오너 가족의 언행을 생생하게 말해 주면서 정도의 차이는 있지만 갑질로 얼룩진 것이 우리나라 기업 분위기의 대부분이라고 주장하자 그 자리에 있던 사람들이 대부분 동의하는 충격적인 경험을 했다. 다들 굴지의 기업에서 오래 살아남은 사람들이었다.

우리 같은 서민들은 여전히 그런 일은 극소수의 일이라고 믿고 싶다. 이제 감정 노동자를 위한 산업안전보건법 시행령이 생겼고 SNS와 YouTube의 확산으로 갑질은 점점 발붙일 곳이 없어지리라 기대한다. 그러나 아직은 불량 고객들이 사회 곳곳에서 활발히 활약하고 있는 것이 사실이다.

재벌이나 권력자뿐일까. 상상을 초월하는 내공을 갖춘 불량 고객의 면면은 실로 다양하다. 우선 은행에서 자주 만날 수 있는 기상천외한 발상의 불량 고객들의 주장을 들어 보자.

"ATM 소독 상태가 나빠 모기에 물렸으니 사은품을 보내라."
"은행 옆 맨홀 뚜껑 때문에 다쳤으니 치료비를 대라."
"은행 화분이 시들어 안 좋은 기운을 받았으니 정신적 피해 보상을 해라."

은행은 그나마 낫다. 백화점 쥬얼리 코너에서 반지를 사간 한 고객은 10개월 만에 부러진 반지를 들고 나타나 '반지가 눌렸을 때 부러질 수도 있다는 안내를 받지 못했다'고 아수라장을 만들었다. 백화점 측은 업체에 환불해 주라는 조치를 내렸다고 한다. 진상 고객이 승리하는 쾌거가 어떻게 이루어지는지 확연하게 보여 주는 사건이다.

이런 경우 업체가 물어내기도 하지만 고객 응대를 잘못했다는 이유로 판매 직원들이 일부 부담하도록 하기도 한다. 참 억울한 일이다. 이미지가 생명인 백화점은 불량 고객에게 가장 만만하고 승률 높은 활동 무대다. 감정 노동자가 잘못한 것도 없이 이렇게 억울하게 당하지 않으려면 법적인 보호를 넘어서 업체 측의 인권 지향적인 보호 조치가 이루어져야 한다.

몇몇 백화점의 VIP들은 수틀린다고 판매원이나 주차 요원들에게 툭하면 무릎을 꿇으라고 한다. 일부 정치인과 교수, 극단 대표, 힘센 예술계 인사들은 앞서거니 뒤서거니 권력을 이용해 성폭행 갑질까지 저질러 왔다니 무슨 말을 더할까.

갑질은 압축 성장과 개발 독재 시대에 '까라면 까는' 세대의 전유물인 줄 알았는데 민주화의 세례를 받은 젊은 세대도, 사회 개혁에 앞장섰던 운동권 출신도, 자유와 낭만을 추구하는 예술인들도 예외가 아니다. 대한민국은 여전히 갑질 공화국이고 우리 대부분은 아직도 감정 노동에서 살아남으려 분투 중이다.

거친 뉴스가 난무하는 지금, 여전히 희망은 없는 걸까? 갑질 뉴스는 여전하지만 세상은 조금 달라 보인다. 절대적 복종이 지배하는 군대에서조차 사령관 부부의 갑질을 더는 참을 수 없다는 공관 병사들의 하소연이 터져 나왔다. 약자들의 고발이 더는 상관을 배신하는 의리 없는 소행이 아니라 용기로 받아들여졌다.

산업안전보건법 감정 노동자 보호 조항이 도입되어 감정 노동자의 권리 보호가 법적 근거를 얻게 되었다. 세상의 변화를 눈치 채지 못하는 둔감한 사람들이 여전히 제멋대로 칼을 휘둘러도 '저건 미친 짓'이라는 사회의 합의가 있다면 세상은 달라진다. 그러나 우리의 진상 고객님들은 여전히 우리에게 욕을 하고 억지를 부리고 심지어 무릎을 꿇으라고 한다. 어떻게 해야 할까?

'까짓것 한번 꿇어 주지 뭐. 똥이 더러우니 내가 피해야지. 나 하나 눈 질끈 감지 않으면 모두가 힘들어지니까. 뭐 어쩌겠어?' 이렇게 당신은 무릎을 꿇을지도 모른다. 물론 이해한다. 부끄러운 일도 아니다. 요구해서는 안 되는 것을 요구하는 그들이 부끄러운 인간이지, 우리는 삶의 무게를 힘겹게 견디는 것뿐이다. 그렇더라도 이제 무릎은 꿇지 말자. 평생 써야 할 소중한 무릎이다. 감정 노동이란 무릎을 꿇는 일이 아니다. 오히려 내 무릎을, 내 자존감을 소중히 간직해야 하는 일이다. 그래야 인간으로서도 노동자로서도 오래 살아남는다. 무릎을 꿇지 않고도, 나 자신을 손상시키지 않고도 감정 노동자로 잘 살아갈 수 있다. 세상이 조금씩 나아지고 있다.

차례

1부　이해의 기술

2부 싸움의 기술_하나

3부 싸움의 기술_둘

4부 성장의 기술

1부

이해의 기술

감정 노동, 너 도대체 뭐니?

오후가 되자 턱이 얼얼하고 뺨 근육이 뻣뻣하다. 오늘도 방긋방긋 참 많이도 웃었다. 억지웃음이라도 웃음이 건강에 그렇게 좋아서 웃음 치료를 전문으로 하는 곳이 있다고 하니 내 건강은 최고 수준일 게 틀림없다. 나는 복을 타고났다.

문제는 그런 내가 무슨 연유인지 예상과는 달리 건강이 영 시원치가 않다는 사실이다. 두통, 어깨 결림, 위장 장애, 만성 피로, 공황 장애, 우울증까지 웬만한 심인성 질환은 다 섭렵하고 있으니 어찌 된 일일까? 웃음이론 창시자한테 가서 따져 보면 뭐라고 답을 해 주려나. 억지웃음도 효과가 있다는데 왜 우리한테는 안 먹히는지.

웃음치료학자들에게 직접 들은 바는 없지만 결론은 우리 웃음은 웃음이 아니란다. 억지웃음도 자기가 목적을 갖고 스스로 웃는 것이지만 생업 현장에서 어쩔 수 없이 웃는 것은 웃음이 아니라 노동이란다. 병든 사람도 고쳐 주는 웃음 명약이 아니라 빡센 '감정 노동'이라는 것이다.

'감정 노동'은 1983년 미국 캘리포니아 대학의 앨리 러셀 혹실드 A. R. Hochschild 사회학과 교수가 〈감정 노동The Managed Heart〉에서 처음 사용한 용어다. '자신이 느끼는 실제 감정과는 무관하게 배우가 연기하듯이 말투나 표정, 몸짓 등 드러나는 감정 표현을 직무에 맞게 수행하는 것'이라 정의했다. 자기감정 상태와 상관없이 미소, 친절 등 '특정한 감정 상태를 지속적으로 유지하도록 감정을 억누르고 통제하는 노동 유형'을 일컫는다. 감정 노동에 따른 감정적 부조화를 적절하게 해소 하지 못하면 정신적 스트레스와 신체적 증상을 겪게 된다고 한다.

지난 2015년, 인권위가 실시한 '유통업 서비스·판매 종사자의 건강권 실태 조사' 내용에 따르면 응답자 중 61%가 조사 시점으로 부터 1년 내에 고객에게서 폭언, 폭행, 성희롱 등의 괴롭힘을 경험했 으며, 89%가 회사의 요구로 인해 자신의 감정 표현을 자제한 것으로 나타났다. 민간 서비스 산업 노동조합연맹의 실태 조사에 따르면 우 리나라 감정 노동자 대다수가 가벼운 우울 증세를 보이고, 25% 이상 은 치료를 요하는 우울증 상태이며, 그 외에도 직무로 인해 겪는 정 신적 스트레스가 심각한 수준이라고 한다. 사무직의 2배가 넘는 이직 률이 감정 노동자들의 고통을 대변한다고 하겠다.

감정 노동은 여러 가지 건강상의 문제를 일으키기 쉽다. 감정을 억제하게 되면 자율신경계의 긴장을 일으키고 신경 체계의 과도한 사용이라는 생리적 결과를 초래하게 되는데, 이는 심장 질환과 고혈압, 암 발생률을 높인다고 한다. 감정 억제가 암 발생의 가장 강력한 예측 인자라고 주장하는 연구도 있다.

감정적인 피로에 의한 탈진은 심혈관 질환 염증 지표를 유의미하게 높일 뿐 아니라 근골격계 질환 발생률을 2.09배나 높인다는 보고도 있다. 고객 응대를 위해 지속적으로 서 있는 자세를 취하거나 불안정한 자세 또한 요통 등 근골격계 질환의 원인이 된다.

자율신경계의 부조화는 뇌혈관 질환도 유발할 수 있다. 뇌출혈, 뇌경색, 심근경색 등이 여기에 속한다. 소화불량, 두통, 어지럼증, 탈모, 생리불순, 과민성 대장증후군 같은 광범위한 심인성 질환도 감정 노동자들이 흔하게 겪는 신체 증상들이다.

감정 노동은 정신적 증상을 일으키는 경우도 흔하다. 겉으로는 웃지만 마음은 침체의 늪에 빠지는 '가면 우울증'이 대표적인 증세인데, 흔히 스마일 마스크 증후군이라 부른다. 감정의 부조화로 인해 정신적 탈진인 번 아웃 상태, 내가 남이 된 것 같은 이인화 현상을 겪기도 하고, 자신이 못나서 이런 데서 일한다는 자기비하와 자기 존중감 저하가 나타나기도 한다. 심한 경우에는 감정적 불감증 상태에 이르기도 하고 우울증, 적응장애, 공황장애, 외상후 스트레스장애, 약물 중독을 앓을 수도 있다.

너도나도 감정 노동

속마음과 다르게 행동하느라 안간힘을 쓰는 것이 감정 노동이라면 세상에 감정 노동 아닌 노동이 있을까? 억세게 운 좋아서 자기가 하고 싶은 일을 직업으로 삼아도 그 과정에는 꼴 보기 싫은 상사 얼굴도 봐야 하고 재수 없는 클라이언트도 만나야 하고 '꺼지라'고 말해 주고 싶은 동료에게 미소도 지어야 한다.

일선 창구에 있는 사람이 아니더라도 우리는 제각각 감정적인 서비스를 제공하면서 살아간다. 존경받는 직업인 의사라고 다를까. 사활을 건 수술 끝에 멱살을 잡히기도 한다. 공무원들도 자칫 응대를 잘못했다간 자기 신상이 인터넷에 떠돌지도 모른다. 무슨 잘못을 했는지도 모르고 당하는 경우가 태반이다. 전업주부 역시 시부모를 비롯해 감정적 소모를 요구하는 인간관계가 상당하다. 예의도 능력도 부족하면서 나대기만 하고 눈치 없이 구는 아랫사람 또한 불량 고객이긴 마찬가지다. 자영업자 비율이 높고 개인의 인권 개념이 부족한

데다 권력과 재력으로 약자를 누르는 '갑을 관계'가 판을 치는 우리 사회에서 누군들 감정 노동에서 자유로울 수 있을까?

이렇듯 우리 대부분이 감정 노동과 함께 살아가지만 학계에서 정의하는 감정 노동의 직접적 정의는 통상 감정 관리 활동이 직무의 40% 이상을 차지하는 고객 응대 근로자를 말한다.

우리나라 산업 구조는 점차 3차 산업인 서비스업 중심으로 변화되고 있어 감정 노동에 종사하는 노동자 수도 증가하고 있다. 2009년 '국민 건강 영양 조사' 결과 '감정을 숨기고 일한다'는 질문에 '그렇다'고 응답한 근로자가 약 560만 명이었고, 2011년 취업자 근로 환경 조사 결과 근무 시간의 50% 이상을 고객, 승객, 학생, 환자와 같은 사람들을 직접 응대한다고 응답한 근로자는 약 740만 명으로 나타났다. 이 두 조사를 바탕으로 우리나라 감정 노동자는 약 560~740만 명으로 추산하고 있다. 전체 임금 노동자(18,296천 명)의 31~41% 수준이다.

어떤 직군이 감정 노동에 속할까?

일반적으로 항공기 승무원, 콜센터 상담사, 호텔 및 음식점 종사자, 백화점 및 할인점 등의 판매 업무 종사자가 여기에 속하지만 최근에는 요양 보호사나 보육 교사 등 돌봄 서비스를 수행하는 업무, 공공 서비스나 민원 처리를 하는 업무까지 감정 노동으로 분류하고 있다. 좀 더 자세하게 구분하면 첫째는 직접 대면 직종이다. 백화점,

마트의 판매원, 호텔 직원, 음식점 종사원, 항공사 승무원, 골프장 경기 보조원, 미용사, 택시 및 버스 기사, 금융 기관 종사원 등이 여기에 속한다.

두 번째는 간접 대면 직종으로 콜센터 상담원 등을 말한다.

세 번째는 돌봄 서비스 직종으로 요양 보호사, 간호사, 보육 교사, 특수 교사 등이 여기에 속한다.

네 번째는 공공 서비스, 민원 처리 직종이다. 구청 민원실이나 주민센터 직원, 공단 직원, 사회복지사, 일선 경찰 등을 말한다.

감정 노동 스트레스가 가장 극심한 직업군은 무엇일까? 2013년 한국직업능력개발원 조사에 따르면 1위가 항공기 객실 승무원, 2위 홍보 도우미 및 판촉원, 3위 통신 서비스 및 이동 통신기기 판매원 순이다. 2015년 한국고용정보원 조사는 다르다. 1위 텔레마케터, 2위 호텔 관리자와 네일 아티스트, 3위 중독 치료사 순이다.

두 조사의 결과가 다른 이유는 무엇일까? 실제로 2013년 발표에 의문을 나타내는 네티즌들이 많았다. 항공기 고객은 비교적 점잖은 편인데 욕설과 언어폭력을 무시로 당하는 전화 상담원보다 더 감정 노동의 강도가 세다는 것이 이해하기가 힘들었던 것이다. 이유는 감정 노동에 접근하는 방식의 차이 때문이다.

감정 노동의 강도를 측정하는 방식은 두 가지가 있다. 감정 노동을 구성하는 요소 가운데 수행 전략에 초점을 두고 접근하는 '구성원 초점 방식'과 직무 특성 자체에 초점을 두고 접근하는 '직무 초점 방식'이다. 2013년의 감정 노동 직업별 실태의 경우는 표면 행위와 내면 행위 등의 구성원 초점 방식으로 순위를 매긴 결과이고, 2015년의 조사는 감정 노동의 대인 접촉 빈도 및 외부 고객 대응 중요도, 화난 고객 대응빈도 등의 직무 초점 측정 방식이다.

쉽게 말하면 전자는 업무 내내 고객에게 지속적으로 방긋방긋 웃으며 친절해야 하는 것을 기준으로, 후자는 고객으로부터 불만과 항의 혹은 욕설 등 힘든 상황에 마주할 확률이 높은 것을 기준으로 조사했기 때문에 결과가 달라진 것이다.

현장에서는 이런 구분이 모호할 때도 많다. 미소와 친절이 주된 업무일지라도 수시로 공격적으로 불만을 표현하고 거친 언어폭력을 사용하는 고객을 만나게 된다. 고객의 불만을 접수하고 처리하는 것이 주된 업무인 부서라 할지라도 상냥한 말투나 표정 관리는 역시 필요하다. 따라서 최근에는 이 두 요소를 모두 종합적으로 고려하는 새로운 연구 방식이 등장하고 있다.

기준의 차에 따른 순위와는 상관없이 아마도 우리 각자는 자신이 몸담고 있는 직장이 가장 힘든 감정 노동을 하는 곳이라고 믿을지도 모른다. 우리 곁에는 시시때때로 우리의 인내심을 저울질하는 고객과 상사가 몇 명쯤은 늘 포진해 있기 때문이다. 진상부리는 고객을 잘 다루는 일, 그들이 주는 상처 가운데서도 의연하게 살아남고 내 감정을 돌보고 마침내 그들과 함께 즐겁게 살아가는 기술은 그래서 누구나 필요하다.

서비스의 범위

물건이든 서비스든 구입을 위해서는 돈을 지불한다. 물건이면 물건에 대한 비용, 서비스라면 서비스 내용에 대한 비용이다. 음식점에서 식사를 하는 경우라면 음식과 서비스 모두에 대한 비용이다. 여기서 오해하는 사람이 가끔 있다. 내가 돈을 냈으니 물건뿐 아니라 판매하는 사람의 인격까지 사는 비용을 지불했다고 생각하는 사람들이다. 내가 돈을 냈으니 너는 무조건 내 요구에 응해야 한다고 굳게 믿는다. 비용이 비싸면 비쌀수록 더 그런 일이 많아진다. 비싼 값을 냈으니 내 마음대로 해도 되는 폭도 그만큼 커진다는 생각이다.

백화점에서 난동을 부리는 고객들의 전용 멘트가 '내가 누군 줄 알아? 나 VIP야. 내가 여기서 쓰는 돈이 일 년에 얼만데?'이다. '고객은 왕이다.'라는 광고를 너무 오랫동안 들어서 자신이 돈만 내면 진짜 왕인 줄 아는 사람들이다. 주위 사람들이 왕은커녕 노예보다 품위 없는 인간이라고 손가락질하고 있다는 것을 불행한 그 자신만 모른다.

일본의 고객 서비스는 유명하다. 우리나라에서 '너무 과해서 오히려 불편하게 느껴지는 형태의 친절 서비스'는 주로 일본에서 건너온 것들이라고 한다. 무릎을 꿇다시피하며 서빙을 하거나, 민망할 정도로 허리를 깊이 숙여 절하는 서비스는 감동을 줄 때도 있지만 부담스럽고 민망해서 손사래를 치고 싶을 때도 많다.

몇 년 전에 전라도 시골 민박집에서 하루를 묵은 적이 있다. 다음 날 작별 인사를 하고 차를 타고 한참 가다 무심코 뒤를 돌아보니 나이 지긋한 주인 내외가 아직도 손을 흔들고 있어 깜짝 놀랐다. 마치 고향 부모님 같던 그 모습은 오래도록 잊히지 않았다. 마음을 다한 이런 친절에는 누구나 감동한다. 그러나 천편일률적인 과한 친절은 도리어 사람을 뒷걸음치게 하는 것도 사실이다.

그런데 일본 서비스계의 친절이 과하도록 각별한 것은 잘 알려져 있지만 그 친절이 일방적이 아니라는 사실은 별로 주목받지 못하고 있다. 도쿄에서 일하는 지인을 방문해 함께 편의점에 간 적이 있다. 물건을 몇 개 바구니에 담고 계산대를 보니 두 사람이 줄을 서 있었다. 잠시 후 앞 손님이 결제를 마친 것 같은데 나머지 한 사람은 계산대에서 저만큼 떨어져 계산대로 다가가지 않고 있었다. 다른 볼일이 있나 보다. 옳거니 그렇다면 내가 먼저. 나는 냉큼 계산대로 다가가 현금을 꺼내 계산대 위에 놓았다. 그런데 무슨 일인지 직원이 깜짝 놀란 얼굴로 나를 멀뚱멀뚱 쳐다보기만 하는 것이다. 뭐 하는 거지? 어리바리한 신입인가? 나도 영문을 몰라 뜨악하게 쳐다보고 있는데 지인이 황급히 내 소매를 당겨 나를 뒤편으로 데려갔다. 내 차례가 아니라는 것이다. 일본 사람들은 앞사람의 계산이 끝나도 판매원의 눈 사인을 받고서야 판매대로 다가가는 것이 예의고 돈도 아무렇게나 계산대에 올리는 게 아니라 판매원이 트레이를 내밀면 거기다 놓는다고 했다.

아이쿠, 나는 한 대 맞은 기분이었다. 일본 서비스계의 과한 친절도 일방적인 것은 아니구나. 서비스를 제공하는 사람 못지않게 소비자도 예의를 다하는구나. 판매원의 필요한 시간과 공간을 빼앗고 다짜고짜 다가가 돈부터 내밀고는 '빠릿빠릿하게 일 처리 안 하고 뭐하는 거냐'는 불만스러운 눈빛으로 쏘아보았으니, 내 무례한 모습에 그 판매원이 퍽 당황했겠구나 싶었다. 이런 쌍방향 친절이 왜 우리 사회에는 한쪽 면만 과장되어 수입되었을까?

서비스를 주는 쪽도 받는 쪽도 서로 존중하는 마음이 기본이 되어야 한다. 관계란 어떤 경우든 일방적일 수 없다. 서로 예의를 다하는 것이 진정한 친절이다. 내가 돈을 냈으니 너는 내 마음대로 부릴 수 있는 존재라는 생각은 시대착오적이다.

누구의 인권도 돈으로 살 수는 없다. 서비스 현장에 있는 우리 자신이 먼저 그 사실을 충분히 이해하고 있어야 한다. 우리가 서 있는 자리가 낮은 자리가 아니라는 사실을 새겨 두어야 한다. 서로 하는 일이 다를 뿐 아무리 돈을 많이 내는 손님도 내 인격을 살 수는 없다. 민주주의의 기본을 망각한 덜떨어진 사람들이 그런 착각을 한다고 해도 우리가 휩쓸려 자괴감을 느낄 필요는 없다.

이해의 기술

감정 노동의 범위

서비스의 범위에 한계가 있듯 감정 노동의 범위에도 한계가 있다. 감정 노동자들이 힘들어하는 이유 중 하나는 내가 느끼는 직업적 고통 중에서 어디까지가 감정 노동 스트레스이고 어디까지가 나의 오해와 착각에서 오는지 구분하지 않는 데 있다. 프랜차이즈 커피숍에서 일하는 아르바이트생 이야기를 들어 보며 감정 노동 스트레스를 구분해 보자.

오늘 정말 힘든 손님들이 왔어요. 아기들 데려온 엄마 네 명이었어요. 빙수 하나에 아메리카노 한 잔을 시키더군요. 원래 일인 일 메뉴 주문이 원칙인데 아이까지 데려와서 음료도 적게 시키면 정말 얄밉죠. 그 와중에 엄마 한 분이 컵을 달라고 하길래 종이컵을 드렸어요. 테이크아웃 컵이나 머그잔은 추가 제공되지 않거든요. 가끔 더 좋은 컵을 달라고 하는 손님도 있지만, 사유를 설명하면 대부분 이해하고 고맙다고 하시죠.

"왜 이런 거 줘요? 머그잔 줘요."

"고객님, 머그잔은 추가 제공이 안 됩니다."

"그럼 테이크아웃 컵을 주든가. 나눠 먹을 건데 이게 뭐야."

저를 째려보면서 큰 목소리로 짜증을 내는 거예요.

"고객님, 저희는 일인 일 메뉴가 원칙이라 한 잔 주문하셨을 경우에는 다른 컵이 제공되지 않습니다. 테이크아웃 컵은 음료 나가는 것과 재고가 자동 전산 처리되기 때문에 더더욱 제공이 안 됩니다."

"아니 저번에는 줬잖아! 저번에는 주더니 이번에는 왜 이래?"

"만약 제공이 되었다면 아마 그 직원이 내규를 어긴 거예요. 원래는 제공되지 않습니다, 고객님."

"아니, 여기다 어떻게 나눠 먹어? 말이 되는 소릴 하라고!!!"

목소리가 매장을 울릴 정도로 커지자 결국 사장님이 컵을 드리고야 말았어요. 속이 부글부글 끓더군요. 사람 수보다 적게 주문하질 않나, 그것도 머그잔에 나눠 먹겠다고 당당하게 말하질 않나. 음료가 너무 많아서 나눠 먹어도 된다나요? 아니, 뭐 카페는 자선 사업하는 줄 아나 봐요. 서비스 차원으로 많이 드리는 거지, 둘이 와서 하나만 시켜먹으라고 많이 드리는 건가요? 차라리 한잔 시켜서 네 명이 다 먹지 그러나? 그런 생각까지 들더라고요. 거기다가 종이컵은 싫고 머그잔에 나눠 먹겠다고 짜증내면서 째려보는 건 뭔가요?

더한 것은 이후 일이었어요. 이제 막 아장아장 걷고 뛰는 아기들이 테이블이며 파티션이며 손바닥 찍고 물 흘리고 과자 부스러기 밟아놓고 쓰레기 던져 놓고. 그런데도 엄마들 중 한 명도 그것을 지적하고 혼내지를 않더라고요.

"○○야, 까까 먹자. 이리와" "○○이 어디 있나?" 하면 아기들은 까르르 웃으면서 뛰어서 도망 다니고. 여기가 놀이터나 보육원도 아니고.

구석에는 노트북 펴고 과제 같은 것 하는 사람도 있고, 진지하게 앉아 얘기 나누고 계신 분들도 있는데 민원 들어올까 봐 걱정되더라고요. 나중에는 판매 원두나 드립퍼 등 디스플레이 진열장에 있는 상품들을 끈적끈적한 손으로 막 집어서 가지고 뛰어다니더군요. 옹알거리는 아기들을 혼낼 수도 없고 엄마들한테 아이들 단속 좀 하라고 하고 싶었지만 어쩌나 보려고 가만히 지켜보았어요. 제가 보고 있는 걸 알면서도 일부러 그리는 건지 아기들에게 지나가는 말로 "이거 저기에 두고 오세요." 이렇게 한마디 하고 또 자기들끼리 수다 떨고. 그 사이사이 빙수 시켜서 넷이서 먹으니까 스푼 네 개 챙겨 줬는데도 아기 이유식 먹이겠다, 아기 물 좀 먹이겠다고 하면서 스푼이며 일회용 컵이며 물티슈 이것저것 다 달라고 해서 받아가고. 결국 판매하는 티백 상자며 네임 택이며 전부 바닥에 던져 놓고, 조물딱거리던 것들 그대로 정돈 하나도 안 하고 유유히 아기 안고 손잡고 나가시더군요.

유리며 진열장이며 쏟은 물, 과자 부스러기와 쓰레기로 엉망으로 해 놓은 다른 테이블 치우고 바닥 닦고 쓸고. 한참 후에 그 자리에 다 먹은 쟁반 치우러 가니 빙수 그릇에 스푼 일곱 개 정도 꽂혀 있고 머그잔은 헉, 하나만 덩그러니. 어휴, 양심이라곤 없는 아줌마들. 감정 노동은 정말 힘든 것 같아요."

이 아르바이트생이 손님들과 실랑이하는 전 과정을 찬찬히 뜯어
보자. 이런 몰지각한 손님들이 오면 감당해야 할 감정 노동 스트레스
는 당연히 급격히 늘어난다. 그러나 아르바이트생이 겪고 있는 심적
고통이 모두 감정 노동일까? 그 범위를 훨씬 뛰어넘어 자기 것이 아
닌 고통까지 걸머지고 괴로워하는 것은 아닐까?

첫째, 아르바이트생은 아기 엄마들이 인원수보다 주문을 적게 하
는 순간부터 스트레스받기 시작한다. 얄미워하면서. 이 미움이 과연
감정 노동 스트레스일까?

물론 여럿이 몰려와서 제대로 주문하지 않으면 꼴불견이다. 그러
나 아르바이트생이 괴로워해야 할 일인지 생각해 보자. 여럿이 와서
주문을 적게 하는 일이 자주 일어나면 가게 운영에 차질이 생길 수
있다. 이 점을 고민하고 개선하려고 노력해야 할 사람은 누굴까? 사
장이다. 아르바이트생이 아니다. 아르바이트생도 가게가 잘되기를
바라겠지만 책임이 있는 사람은 아니다. 대놓고 말하면 이 가게가 얼
마를 벌든 아르바이트생은 알바비만 받는 것이다. 사장님도 아니면
서 사장님으로 빙의하지는 말자. 손님이 주문을 적게 한다고 미워할
하등의 이유가 없다는 뜻이다. 그런데도 아르바이트생의 마음이 불
편했던 이유는 고객을 평가하고 판단했기 때문이다.

"저 사람은 교양이라곤 없고 얌체 같구나. 얄미워. 저런 인간을 만
나다니 힘들어."

누구라도 얌체 같은 사람을 좋아하고 친구하고 싶은 사람은 없다. 그러나 우리가 일터에 갈 때 거기서 친구나 배우자를 구하리라 기대하지는 않는다. 우리 일터가 감정 노동을 하는 곳이라면 적어도 우리는 온갖 인격의 사람들을 만날 각오를 하고 간다. 거기서 좋은 사람과 찌질한 사람을 구분하고 판단하며 내 속을 썩이는 것을 감정 노동이라고 착각하지 말자.

아르바이트생의 속을 부글부글 끓게 했던 두 번째는 고객이 규정에 없는 머그컵을 달라고 당당히 요구해서다. 이런 요구를 받는 것이 감정 노동일까? 고객은 뭐든 요청할 수 있다. 그것이 과하고 규정에 맞지 않으면 들어주기 어렵다고 대답하면 그만이다. 괴로워할 이유가 없는데도 괴로운 이유 역시 '뭐 이런 뻔뻔한 인간이 다 있어?' 하는 자신의 판단 때문이다.

세 번째로 아르바이트생이 힘든 이유는 규정상 들어 줄 수 없다고 하는데도 고객이 짜증을 내고 째려보며 소리를 질렀기 때문이다. 이 지점은 감정 노동의 스트레스에 해당하는 요인이 맞다. 내 잘못도 없는데 억울하게 째려보고 소리 지르는 고객에게 친절하게 설명을 계속해야 하니 내 본심과 다른 얼굴로 연기를 해야 한다.

다행히 사장님이 대신 처리해 주셨다. 됐다. 이제 그 일은 마무리되었다. 그리고 사장님을 통해 한 가지 우리 매장의 진정한 규칙도 알게 됐다. 세게 나오는 손님에게는 규정보다는 양보를 택하는 것이다. 그것이 사장님의 방침이다. 그러니 다음에 또 그런 손님이 오면 그냥 원하는 대로 해 드리면 되니 더 괴로울 일은 없을 것이다.

네 번째는 아이들이 민폐를 끼치는데도 전혀 말리지 않는 엄마들을 보며 힘들어한 것이다. 요즘 이런 엄마들이 늘어난다는 기사는 많이들 보았을 것이다. 그런 철없는 엄마들을 볼 때마다 핏대를 올리며 성토하는 사람이 있는가 하면, 세상 흐름의 한 측면으로 읽으면서 나 자신의 태도를 점검해 보는 정도로 끝나는 사람도 있다. 성토하는 사람이 많아야 좋은 세상이 될지, 자신을 점검하는 사람이 많아야 더 나은 세상이 될지는 잘 모르겠다. 다만 일터에서 그들을 성토하는 마음을 가져서는 일하기 힘들다는 점만 말해 두겠다. 더욱이 이런 자신의 마음을 감정 노동이라고 부르면 착각이다.

다섯 번째, 여분으로 받아간 물품들을 보며 아르바이트생은 다시 한 번 그들의 몰염치를 미워하느라 힘들어하는데, 앞에서도 말했지만 매장 물품의 낭비 문제는 내 문제가 아니라 사장님의 고민이다. 사장님을 돕고 싶다면 내가 매장 물건과 에너지를 더 아껴 쓰는 것이 낫다. 손님을 미워하기보다 더 친절하게 대해서 손님들이 한 번이라도 더 오게 하는 것이 사장님을 돕는 행동이다.

여섯 번째로는 정돈도 안 하고 나가는 엄마들 모습이다. 엄마라면 자기 아기들이 헤집어 놓은 물건 정도는 정돈해 주는 것이 상식이다. 그러나 매장이라는 곳은 상식적인 사람만 오는 곳이 아니다. 그리고 어떤 사람은 매장 정리정돈은 당연히 직원들의 몫이라고 생각하기도 한다. 그들을 일일이 미워하기보다는 그냥 청소 한 번 하는 편이 낫다. 이 아르바이트생도 청소가 힘들어서가 아니라 엄마들의 행동이 얄미워서 괴로워하는 중이다.

마지막으로 머그잔이 없어진 것에 대한 것이다. 절도다. 경찰에 신고해야 하는 건 아닐까? 하다하다 도둑질까지 하는 이런 파렴치한 사람들을 용서해야 하나? 이 문제야말로 말 그대로 세상의 상식과 함께 가야 한다. 90년대 비행기 타고 해외로 여행 가는 붐이 막 일기 시작했을 때 집집마다 항공사 담요 하나쯤 없는 집이 없었다. 상당수의 국민이 절도범이었지만 아무도 그렇게 생각하지 않았다. 오히려 해외 좀 나다니는 집이라는 표시로 유모차 아기 이불로 이용하는 분위기였다. 90년대 초반 동남아 해변에는 노란색 구명조끼를 입은 수영객들이 많았다. 비행기 안에서 가져간 구명조끼라고 한다. 해변의 노란 물결은 부의 상징이었다.

지금은 인식이 많이 바뀌어서 그런 행동을 하는 것을 부끄러워한다. 매장마다 물품이 없어지는 빈도나 물품 가격에 따라 대응이 다르다. 절도냐 그저 얄미운 행동이냐는 사회적인 인식이 용인하는 정도와 매장의 방침에 따르면 된다. 아르바이트생이 고민해야 할 점은 세상의 찌질이들에게 일일이 화내지 않도록 매장의 규칙을 잘 숙지하는 것이다. 그들을 욕하고 분통 터트리는 데 쓸 에너지를 내 인격을 다듬고 세상을 이해하는 데 쓰도록 애쓰는 것이다.

이 아르바이트생이 너무 힘들다고 하소연한 감정 노동 스트레스는 일곱 개 가운데 세 번째를 제외하고 나면 다른 문제였다. 이 구분을 잘하게 되면 내가 받는 감정 노동 스트레스를 7분의 1로 줄일 수 있지 않을까?

퀴즈로 알아보는 감정 노동의 범위

앞에서 감정 노동의 범위를 살펴봤으니 심화 과정으로 다음 중 감정 노동에 해당하는 문항에 체크해 보자.

1. 의류 매장에 온 고객이 옷을 여러 벌 입어 보고는 자기 수준에 맞는 제대로 된 옷이 하나도 없다고 투덜거리며 잘난 척을 하는데 참아야 했다. (　　)

2. 식당이 제일 바쁜 점심시간에 계속 나를 호출해서 반찬을 더 리필해 달라고 재촉하는 손님, 정말 밉상이었다. (　　)

3. 백화점 의류 매장에서 옷을 많이 산 내 또래 고객이 수선을 맡겼는데, 매장으로 직접 찾으러 오지 않고 백화점 내 커피숍으로 가져다 달라고 했다. 점장님이 서비스 차원으로 그렇게 하라고 해서 커피숍으로 가져다주는데, 자존심도 상하고 기분이 몹시 안 좋았다. (　　)

이해의 기술

4. 공항 검색대에서 "홍삼진액은 액체류라 기내 반입 불가입니다. 수하물로 부치거나 두고 가셔야 합니다." 하고 안내하자 고객은 갑자기 화를 내며 "에이씨, 내놔요. 가져가서 니들이 먹으려고 그래? 여기다 버리고 갈게, 됐냐?" 하며 바닥에 쏟아 버렸다. 너무 놀랍고 기가 막혀 입을 다물지 못했다. (   )

5. 초겨울에 모피를 사서 겨우내 신나게 입어 놓고는 봄이 되면 가지고 와서 환불을 요구하는 경우가 정말 많다. '바느질이 거칠다.' '너무 무겁다.' 시비를 걸면서 한 번도 입지 않았다고 우긴다. 환불 기간이 지났다고 해도 막무가내다. 속이 뻔히 보이는데 같은 설명을 계속하려니 머리에 쥐가 날 지경이다. (   )

6. 마감을 30분 남긴 시간, 우체국에 등기를 무려 89개를 가져온 고객. 거기다 우편 번호를 하나도 적지 않는 센스(?)를 발휘해서 처리 시간을 배로 들게 했다. 죄송하다고 하니 나도 "다음부터는 꼭 우편 번호를 적어 오세요."라고 말하는 수밖에 없었지만 속이 부글부글 끓었다. (   )

7. 병원에서 고객이 얼토당토 않는 트집을 잡으며 소리를 지르고 욕을 했다. 맞서 봤자 싸움이 커지면 병원 당국은 무조건 직원한테 사과하라고 하기 일쑤다. 시끄러운 것이 싫으니까. 간호사는 을로 태어난 사람인가? 사과할 일 만들기 싫어서 말 한마디 못하고 있다가 그 사람 가고 나서 눈물을 펑펑 쏟았다. (   )

8. 은행에 앙심을 품은 고객이 일부러 5000만 원을 현금으로 가져와 직접 세어 달라고 요구했다. 당혹해하며 현금을 세고 있는 내게

'서비스직인데 왜 이렇게 불친절하냐, 일할 때는 웃어라.'라며 웃음을 강요하고 폭언을 퍼붓다 내가 항의하자 오히려 경찰에 신고했다. (   )

1번 정답 X

잘난 척하는 사람은 매장 밖에도 많다. 그런 사람을 만날 때마다 일일이 얄미워하고 속을 끓이면 어떻게 평화로운 일상을 꾸려나갈 수 있을까? '잘난 척하는 분이네.' 하며 웃어넘기는 편이 낫다. 하물며 매장 안에서야.

2번 정답 X

식당 안에서 쓰는 나의 시간은 누구의 소유일까? 일당을 받고 정해진 시간 동안 식당을 위해 일하기로 했다면 그것은 식당 주인의 시간이다. 그 시간 동안은 내가 주인의 노예라는 뜻이 아니라 그 시간만큼은 식당을 위해, 손님의 요구에 부응하기 위해 써야 한다는 뜻이다. 그러니 손님한테 리필을 해 주기 위해 쓰든 새로운 손님에게 주문을 받기 위해 쓰든 나와는 관계가 없다. 바쁜데 한 손님 때문에 더 많은 손님을 받지 못해 안타까워해야 할 사람은 사장이다.

3번 정답 X

매장 안에서는 손님의 요구에 부응하고 친절하려고 최선을 다하는 것을 내 일로 여기지만 그곳을 벗어나면 일터가 아니라 사적인 공간으로 느끼기 쉽다. 내 또래밖에 안 되었는데 비싼 백화점 옷을 잔뜩 사고 커피숍에 앉아서 사람을 부리는 고객의 모습에 감정이 상할 수 있고 상대적으로 자신이 초라해져서 울적할 수도 있다. 그러나 그런 마음이 감정 노동은 아니다. 내가 세상을 바라보는 방식이다. 누군가 웃으며 놀고 있는 시간에 열심히 일하고 있는 내가 기특하다고 받아들이는 사람도 있지 않을까? 고객이 있는 곳이 어디든 점장의 요구에 부응해 내 일을 하는 곳이면 매장과 다름이 없다.

4 정답 X

정말 예의도 상식도 없는 고객이기는 하지만 그런 사람은 어디에나 일정 비율로 포진해 있기 마련이다. 일일이 화내며 내 속을 끓이기에는 일터는 너무 바쁘고 내 감정은 지치기 쉽다. 나중에 친구와 맥주 한잔하면서 '오늘 별인간을 다 보았노라'고 말할 얘깃거리로 남겨 두는 것이 낫다.

5 정답 O

명백한 감정 노동이다. 그 얄미운 행동이 참을 수 없어서가 아니라 진드기처럼 달라붙어 안 되는 것을 계속 우기는 그들의 말을 끝도 없이 들어 주고 침착하게 달래고 설득해야 하기 때문이다. 얼마나 많은 에너지를 소진해야 끝이 날까? 이런 경우가 잦다면 회사 측에 명확한 방침과 매뉴얼을 요구해야 한다.

6 정답 X

퇴근 시간을 잡아먹는 고객이 얄밉기는 하지만 어쩌겠는가. 가끔은 우리도 이런 어이없는 실수를 하고 남에게 민폐를 끼치지 않는가. 흘겨보지 않고 다음에는 조심해 달라는 부탁으로 마무리한 나 자신의 훌륭한 자세를 칭찬하는 마음으로 마무리하자.

7 정답 O

정당하지 않은 고객의 요구에도 참기만 해야 하다니 심각한 감정 노동이다. 거기다 당국의 대응 자세가 시끄러운 상황을 피하기 위해 무조건 직원에게 사과를 요구하는 것이라니 더 더욱 문제다. 산업안전보건법 감정 노동에 관한 시행령에 따라 고용주는 잘못도 없는 직원에게 일방적 사과 요구 같은 불합리한 조치를 할 수 없게 되어 있다. 위법적 요구이니 시정해 달라고 요구할 권리가 있다.

8 정답 O

이 고객은 결국 서울중앙지법 형사26단독 재판에서 경범죄 처벌법상 거짓 신고 혐의로 구류 5일에 유치명령 5일을 선고받았다. 재판을 맡은 김주완 판사는 '서비스에 종사하는 사람들도 감정이 있다'며 '다른 사람의 감정을 헤아리지 못하고 서비스직 종사자는 무조건 고객에게 맞춰야 한다는 사고방식은 문제가 있다'고 지적하며 '그 어느 누구도 다른 사람에게 웃음을 강요할 수 없다'고 못 박았다.

최강의 어벤저스들

'적을 알고 나를 알면 백전백승이다.'

고객이 적이라는 말은 아니다. 감정 노동의 고객 서비스는 '지피 지기'가 필수라는 뜻이다. 힘든 고객과 맞닥뜨렸을 때 그들에게 휘둘리지 않고 유유히 한 합을 겨루어내고 내 감정을 보호하기 위해서는 그들을 알고 나를 알아야 한다.

먼저 나, 우리는 누구인가? 착실하고 성실한 노동자다. 대한민국 감정 노동자만큼 싹싹하고 일 잘하고 융통성 있고 똑똑한 사람들은 세계적으로 드물다. 기분 좋으라고 그냥 하는 말이 아니다. 외국에서 지내다 온 사람들의 얘기를 들어 보면 그 나라 공무원이나 서비스 직원들 때문에 뒷목 잡고 쓰러지고 싶은 순간이 한두 번이 아니었다고 이구동성으로 말한다.

문유석 판사의 베스트셀러인 〈개인주의자 선언〉에 보면 다음과 같은 내용이 나온다.

"미국 생활 초기에 처음 든 생각은 일반적인 서비스 종사자 특히 공공 서비스 관련 종사자의 자질과 근무 태도가 우리나라보다 현저히 떨어진다는 생각이었다. 이건 도무지 한 번에 되는 일이 없었다. 말도 안 되는 실수를 해 놓고도 전혀 미안해하지 않고 퇴근 시간이니 다음에 오라는 일이 다반사였다. 슈퍼마켓을 가든 휴대전화 가게를 가든 꼭 업무 능력이 전혀 없어 보이는 점원이 한둘 있는데 가장 기본적인 매뉴얼대로 하는 업무 범위를 조금만 벗어나면 멍한 상태가 되어 버린다. 도대체 친절, 싹싹, 상냥한 마인드로 서비스하는 직원은 찾기 힘들고 시간 때우다가 월급만 받으면 그만이라는 태도로 일하는 퉁명스러운 사람들만 참으로 많았다."

그러면서 저자는 초기의 분노의 시간이 지나면서 좀 다른 관점으로 이들을 바라본다.

"이 나라가 기회의 땅이라더니 정말 누구나 먹고 살 기회가 있나 보다 하는 거였다. 좁은 땅에 많은 인구가 살다 보니 치열하게 생존 경쟁하면서 사는 우리나라에서는 고학력, 높은 근로 의욕의 고급 노동력이 남아돌아가는 실정이다. 이곳은 사정이 달랐다. 저학력 낮은 근로 의욕에 온몸에 맞춤법 틀린 문신으로 낙서한 사람들도 슈퍼마켓에서 바코드 찍고 지하철 창구에서 표 팔면서 다들 웬만큼 먹고 살았다."

먹고 살기 힘든 우리나라에서 어떤 자리든 일자리를 가졌다면, 그

것도 대인 업무를 하는 감정 노동자라면 당신은 일단 상당한 수준의
교양과 정신력 그리고 업무 능력의 소유자다. 적어도 이 점에 관한
한 자부심을 가져도 좋다. 우리가 얼마나 유능하고 괜찮은 사람인지
이 책을 덮을 때까지 절대 잊지 말자.

신통방통 초능력

유능하고 성실한 사람들에게 일이 몰리듯 우리나라 감정 노동자는 세계적인 수준의 업무 능력에 상응하는 더없이 높은 기대치를 걸머지고 일을 하고 있다. 회사도 고객들도 우리를 거의 신적인 존재로 인식하는 듯하다. 사실은 이게 문제다. 우리를 쥐어짜면 안 되는 일도 다 되는 줄 안다.

"S회사에서 보험 영업하는 20대 중반 남자입니다. 지난주 화요일 전화 한 통을 받았습니다. '몸이 아파서 병원을 갔다 왔다. 청구할 거니 니가 알아서 해라.' 이렇게만 말하고 끊었습니다. 제 고객이면 제 폰에 다 저장돼서 알고 있는데 모르는 번호라 전산 조회 후 다시 전화해서 알아보니 우리 회사가 아닌 타사 보험 고객이었고, 자기 지인이 내가 잘한다고 해서 번호 알아서 연락했다고. 시작은 지금부터입니다. 원래 타사 보험금은 제가 청구 권한이 없어 직접 해드릴 순 없으나 서류다 준비해서 쉽게 하실 수 있게 도와드리겠다 하니 그때부터 이새끼 저새끼 시작해서 '보험팔이 주제에 어디서 고객한테 명령이냐, 병원 가서 네가 서류 다 떼고 청구해서 내일까지 내 통장에 돈 넣어라.' 하더군요. 그래서 안 된다고 하니 민원을 넣기 시작하고 새벽 아침 가린 거 없이 전화로 욕을 합니다. 심지어 새벽에 자고 있는데 전화해서 고객이 안 자는데 자는 게 말이 되냐고. 참, 그래도 참고 다 해드리려고 다시 한 번 필요한 서류 등 말씀드리니 위의 상황 다시 시작. 어제 폭언 욕설을 마지막으로 오늘 해딩 회사에 사건 넘기고 그분에게 전화 드렸더니 욕설과 함께 죽어 버린다부터 시작해서 너를 낳은 부모님이 불쌍하다를 마지막으로 더 이상 연락이 안 오네요. 일주일간 시달렸지만 이제 안 시달려도 된다는 생각에 혼자 맥주 한 잔으로 축배를 들고 있습니다."

아무리 유능한 대한민국 감정 노동자라지만 호통과 욕, 떼쓰기 한 번이면 어떤 문제도 해결될 것이라고 믿는 이 고객님들을 어쩌면 좋을까?

그뿐인가? 회사 역시 우리가 말도 안 되는 컴플레인까지 잘 해결해 낼 것이라고 굳게 믿어 주신다. 회사 방침과 지침이 분명히 있음에도 불구하고, 그것을 적용하려다 일어난 분쟁에 대해서조차 '우리가 한 점의 티끌도 없이 적당히 알아서 잘 해결하기'만을 바란다.

백화점 여직원 두 사람이 바닥에 무릎을 꿇은 채 사과하는 동영상이 화제가 된 적이 있었다. 이 영상에 등장하는 여성 고객은 의자에 다리를 꼬고 앉아 무릎 꿇은 직원들에게 고객 대응 서비스 문제를 언급하며 심하게 질타를 하고 있다.

영상을 보면 직원들이 분명 대단히 불친절했거나 실수를 한 것으로 보이지만 내용을 알고 보면 전혀 다르다. 이 고객은 7~8년 전에 이 브랜드에서 산 귀금속을 수리해 달라고 요청했고 직원들은 '회사 규정상 수리비의 80%를 고객이 부담해야 한다'고 안내했다. 여기에 분노한 고객은 본사 고객 전담실에 직접 찾아가 강하게 항의를 했고, 이를 못 견딘 본사는 결국 원칙을 접고 무상 수리를 제공하였다. 고객은 여기서 끝내지 않고 다시 매장을 방문해 본사에서는 되는 서비스를 너희는 왜 안 된다고 해서 내 염장을 지른 것이냐며 한 시간여 동안 난리를 치고 직원들을 무릎까지 꿇게 한 것이다.

이 직원들은 무엇을 잘못한 걸까? 본사 규정은 도대체 무엇이란 말인가? 고객 성향에 따라 알아서 적당히 잘 적용해야 하는 걸까? 그렇다면 그것을 규정이라 불러도 되는 걸까? 매장 규정이 그런 고무줄이라는 것이 알려지면 세상은 말 그대로 진상들의 천국이 되는 건 아닐까? 회사 규정을 지킨 직원을 회사가 보호해 주지 않으니 서비스 요원은 사람을 훤히 꿰뚫어보며 규정을 적용해야 하는 신통력이라도 발휘해야 할 판국이다. 성실과 유능함을 넘어 예지력까지 감정 노동자의 덕목이 되었다.

불량 고객 훑어보기

이번에는 그들, 이성적인 컴플레인이 아니라 무리한 요구를 끈질기게 하며 화내고 욕하고 소리 지르고 현장을 들어엎는 이분들을 이해해 볼 차례다.

우리나라 6개 대형 여행사 고객 전담 요원들은 오랜 경험 끝에 대표적인 진상 고객 유형을 5가지로 나누었다. 여행사뿐만 아니라 대부분의 업종에 다 해당되는 대표 유형이라 하겠다.

첫 번째는 폭력형이다. 다짜고짜 찾아와 담당 직원의 멱살을 잡고 무력을 행사하는 유형인데, 요즘은 CCTV가 무서워 자제하는 편이지만 아랑곳하지 않는 특별한 사람들도 드물지 않다고 한다.

두 번째는 업무 방해형이다. 전화를 붙들고 한 시간이고 두 시간이고 떼쓰기를 계속하거나, 사무실로 찾아와 옆에서 찰거머리처럼 귀찮게 하는 유형이다. 무력 행사가 없으니 신고도 못하고 직원들이 가장 무서워하는 유형이다.

세 번째는 고의 보상형이다. 음식을 먹다 금니가 빠졌다며 증거물도 없이 우기거나, 어떤 벌레인지 모르지만 뭔가에 물려 몸에 이상이 생겼다며 보상을 요구하는 식이다. 식당 같은 곳에서 자신의 머리카락을 음식에 넣고 밥값을 안 내는 경우와 흡사하다. 고의로 보험금을 타내기 위해 자해도 서슴지 않는 범죄 고객도 있는 실정이다.

네 번째는 타국 피해형이다. 현지 외국인과 시비를 붙어 폭행 사건을 일으키면 담당자는 보통 힘든 일이 아니다. 여행업계만의 문제가 아니다. 감정 노동자를 직접 폭행하지 않아도 고객끼리 싸우거나 난동을 부리는 것 역시 그 수습책임은 감정 노동자의 몫이 된다.

다섯 번째는 성범죄형이다. 성적인 농담과 희롱을 당하는 여성 콜센터 판매원과 상담원 이야기는 인터넷과 언론의 단골 메뉴다.

도대체 이들은 왜 이러는 걸까? 김수영 시인의 오래된 자기반성적 시(《어느 날 고궁을 나오면서》)에서 힌트를 얻을 수 있다.

왜 나는 조그마한 일에만 분개하는가.
저 왕궁王宮 대신에 왕궁의 음탕 대신에
오십 원짜리 갈비가 기름덩어리만 나왔다고 분개하고
옹졸하게 분개하고 설렁탕집 돼지 같은 주인년한테 욕을 하고
옹졸하게 욕을 하고

한 번 정정당당하게

붙잡혀간 소설가를 위해서

언론의 자유를 요구하고 월남 파병에 반대하는

자유를 이행하지 못하고

이십 원을 받으러 세 번씩 네 번씩

찾아오는 야경꾼들만 증오하고 있는가.

시인은 말한다. 옹졸하고 비겁하기 때문이라고. 자기 자신과 현실을 통찰하지 못하고 분노의 방향을 잘못 겨냥하는 사람들은 만만해 보이는 사람에게 큰소리를 친다고. 이들은 자기 자신의 팍팍한 삶을 원망하고 용기 있게 대처하지 못하는 자신에게 실망하고 돌부리를 걸어차다 마침내 자신의 발을 다치게 하는 사람이다. 불황이 심해질수록 불량 고객이 늘어나는 이유다. 또한 불량 고객에게 치를 떨던 우리 자신이 어느 곳에서는 바로 그 불량 고객이 되곤 하는 이유다. 이들의 또 다른 특징은 서비스의 범위를 착각한다는 점이다. 이들은 지불한 비용의 범위를 이해하지 못하고 돈만 내면 내가 모든 것의 주인인 줄 안다.

감정 노동만 하자

감정 노동의 범위를 확실하게 구분하면 어려운 상황 앞에서 훨씬 능숙하게 처신할 수 있다. 이번에는 새내기 간호사의 하소연에서 그 힌트를 알아차려 보자.

"도대체 내가 뭘 잘못했는지 모르겠어요. 정말 돼먹지 못한 인간이 이런 식으로 한바탕 하고 나면 간호사로서의 사명감이니 친절이니 그런 건 한순간에 사라지고 그냥 확 때려치우고 싶은 생각밖에 안 나요. 내가 환자한테 서비스를 잘못했거나 의료적인 실수를 한 거라면 얼마든지 사과하고 반성하죠. 그런 게 아니잖아요. 환자로서 불안하고 답답한 걸 호소하는 기라면 그 역시 얼마든지 이해하고 감싸 드릴 거예요. 그런데 이건 뭐, 막가파예요. 할머니가 입원 당시 보호자라곤 따님 한 사람밖에 없었어요. 형편도 어렵다고 해서 가장 저렴한 병실로 안내해 드렸거든요. 그런데 입원 두 달 동안 단 한 번도 얼굴조차 비추지

도 않은 아들이라는 작자가 느닷없이 나타나 우리 엄마를 이따위 병
실에 처박아둔 게 누구냐며 빨리 다른 병실 내놓으라는 거죠. 원하는
4인실이 때마침 만실인 데다 딱 봐도 어디서 사고나 치고 다니는 행
색인데 자기가 뭐라고. 전 당연히 다른 가족이랑은 상의하셨냐, 지금
은 다른 병실이 없으니 기다려라, 병실에서 이러시면 안 된다, 말렸죠.
그런데도 막무가내라 나도 화가 나서 '아이구, 입원할 때 같이 좀 오
시지 그러셨어요. 지금 병실도 없고 동생분이 다 처리하신 일이니 두
분이 의논하셔야죠.' 이렇게 한마디 할 수밖에 없었죠. 에휴, 그 다음엔
거의 난장판이 되고 말았어요. 경비원이 달려오고, 저는 저대로 과장
님께 불려가고. 같은 병실에 있던 환자분들이 나중에 한마디씩 하셨어
요. '꼭 저런 불효자식들이 남 앞에서 부모 생각하는 척한다니까. 멀쩡
히 같은 서울 하늘 아래 있었다면서 이제야 나타나서 무슨 난리람. 저
런 인간 신경 쓰지 마세요, 잊어버려요.' 어떻게 잊나요? 하루 종일 창
피하고 분해서 눈물이 나는데. 사람들 앞에서 입에도 못 담을 욕을 들
었는데."

맞다, 이런 인간만 없어도 한결 살기가 수월하다. 업무가 힘든 것
은 어떻게든 견딜 수 있지만 말도 안 되는 일로 욕하고 모욕 주고 거
기다 상사한테 한소리 듣게 만드는 이런 종류의 인간은 마치 좀비처
럼 내 영혼을 삼켜 버린다.

"야, 이 찌질한 자식아, 효도를 하려면 미리미리 좀 해라. 어디서
자식 노릇도 안 하고 있다가 뒤늦게 나타나 쪽 팔리니까 괜한 트집을

잡고 지랄이야. 혹시 괜찮은 병실 나면 치를 비용은 있어? 그것도 힘든 여동생한테 떠밀 거잖아."

이렇게 속 시원히 말이라도 하고 당했으면 억울하지나 않을 텐데. 혼신의 힘을 다해 꾹 참고 기분 나쁜 말은 한마디도 안 했는데 갑자기 그 인간이 미쳐 날뛴 이유가 도대체 뭘까? 그녀는 알 수가 없다고 머리를 흔든다. 누군들 그렇지 않을까. 그 정도로 대응한 것도 간호사로서 훈련을 잘 받은 결과일 것이다.

그 아들이 평범한 사람이었다면 '아들 노릇 제대로 안 하고 뒤늦게 나타나 뭐하는 것이냐'는 뉘앙스의 언질을 받는 순간 창피해서 꼬리를 내리거나 변명하려 애를 썼을 것이다. 이런 황당한 반응은 말 그대로 날벼락이다.

한 사람이 어느 지점에서 이성을 잃는지 따져 보는 것이 워낙 어려운 일이기는 하지만 이 간호사처럼 당하지 않으려면 이런 인간이 미쳐 날뛰기 전에 미리 조짐을 알아채고 조치를 취해야 한다. 여기서도 핵심은 자신의 기준과 판단을 고객에게 씌우는 것을 감정 노동이라 착각하지 않는 데 있다.

파충류와 접신하는 사람들

　　우리 대부분은 스스로를 누구 못지않게 이성적인 존재라 믿는다. 〈뱀의 뇌에 말을 걸지 마라〉의 저자이자 정신과 전문의인 마크 고울스톤^{Mark Goulston}은 사람의 뇌는 파충류의 뇌, 포유류의 뇌, 영장류의 뇌로 구성되어 있는데 도무지 말이 통하지 않는 사람은 파충류의 뇌가 활성화되어 있는 상태라고 설명한다. 파충류의 뇌는 뇌 가장 안쪽에 위치하며 생존과 관련된 투쟁이나 도피 반응을 관장한다. 이 부분이 끓어넘치는 순간, 영장류의 뇌인 전두엽은 통제권을 상실하고 분노와 공포 발작을 일으킨다. 이성이 통하지 않는 이 상태의 사람에게 이성적으로 설득하는 것은 아무 의미도 없다. 그의 뇌에서 반짝거리는 파충류의 뇌를 빨리 파악하고 달래 주어야 영장류의 뇌 상태로 돌아가 조금은 인간다운 이성을 회복하게 된다.

　　앞의 예에서 간호사를 눈물 나게 만든 장본인에게도 적용해 보자.

싸워 이기려면 적을 알아야 한다. 더불어 나 자신도 조금 더 심도 있게 알아야 한다. 어디까지가 감정 노동인지 그 범위도 명확히 알아야 한다. 나는 어느 지점에서 자주 감정 노동의 범위를 뛰어넘어 은근슬쩍 오지랖을 부리며 남을 단죄하는지 알아야 한다. 아마도 그 고객에게는 '제대로 아들 노릇 못하는 인간'이라는 평가가 파충류로 되돌아가게 하는 폭파 지점이었을지도 모른다. 누군가 비현실적인 방법으로 앞뒤가 안 맞는 무언가를 지나치게 강조할 때 우리는 그에게 바로 그 부분이 치명적인 약점이라는 걸 알아차린다. 하지만 당사자는 아무도 모를 것이라고 생각한다.

상대방은 어떨까? 당연히 말도 안 되는 소리 집어치우라고 슬쩍 긁어 주고 싶어진다. 성가신 억지를 멈추게 하고 싶기도 하고 내가 너의 이상한 점을 알아차리지 못할 정도로 바보가 아님을 알려 주고 싶어서이기도 하다. 사람에 따라서는 그런 일침을 가하는 것이 강직한 인간이라면 반드시 해야 할 의무로 느끼기도 한다. 만약 당신이 감정 노동자라면, 더욱이 지금 직장에서 그를 만났다면 부디 그런 의무감은 내려놓는 쪽을 택하기 바란다. 차라리 그의 아픈 점을 그냥 받아주는 편이 낫다.

"어머니 생각하는 마음이 애틋하시네요. 많이 속상하시죠? 병실은 최대한 알아봐 드릴게요. 혹 지금 병실이 없어도 나오는 즉시 알려드릴게요. 이제 이렇게 아드님이 오셔서 어머님이 든든하시겠어요. 저도 마음이 놓입니다."

그 인간이 안하무인으로 구는 꼴이 아니꼽더라도 불효자식이 뻔한데 눈 가리고 아웅 하는 꼴이 밉살스럽더라도 우리가 판단할 영역은 아니다. 남의 가정사를 속속들이 알지도 못하거니와 뒤늦게 나타나 어머니를 위해 소란을 떠는 것 역시 효성이 아니라고 말할 이유도 없다. 난리를 치는 과정에서 그의 약점이 보였다면 오히려 감사한 일이다. 파충류에서 인간으로 돌아가는 길을 본인 스스로 알려 주고 있으니 우리는 그분을 그 길로 돌려놓기만 하면 된다. 그러면 자신의 약점이 잘 가려져 안도감을 느끼든, 자신도 몰랐던 자신의 약점이 노출된 것에 놀라서든 더 싸울 여력을 잃기 마련이다.

이 간호사가 감정 노동의 범위를 이해한다면 그녀가 해야 하는 감정 노동의 범위는 억지 부리며 병실을 내놓으라는 고객의 횡포에 잘 대처하는 것까지다. 병든 부모를 나 몰라라 한 주제에 뒤늦게 효자인 척 속 보이는 행동을 하는 그를 어떻게든 비난하고 싶은 마음은 감정 노동이 아니다. 이런 우리의 공명정대한 오지랖을 진상 고객들은 너무나 눈치 빠르게 알아차릴 뿐 아니라 결코 참아 주지 않는다.

감정 노동 연기는 휴식이 필요해

　자신의 실제적인 감정과 달리 상냥한 표정과 말투를 유지하는 것도, 상대방에 대한 분노를 지그시 누르고 참는 것도 모두 자신의 감정을 통제하는 것이기 때문에 상당한 신체적·정신적 에너지가 소모되는 노동이다. 학자들은 자신의 감정을 통제하여 특정한 감정 상태를 만들고 유지하는 것을 고급 인지 능력으로 분류한다. 따라서 회복을 위한 특별한 노력을 기울여야 할 필요가 있다.

　감정을 만들어 연기하는 연극배우들이 두 시간의 공연 시간이 끝나면 기진맥진하여 무대 뒤에서 쉬어야 하는 것을 우리는 '무대 뒤로의 도피'라고 부르는데, 이런 도피의 시간이 없이는 다음 공연을 준비하기가 불가능하다. 주인공을 맡은 배우는 이 휴식이 보장되도록 더욱 특별한 배려를 받는다. 감정 노동 역시 배우처럼 자신의 감정을 통제하고 상황에 알맞은 감정을 만들어 내는 것이므로 배우들이 받는 '무대 뒤로의 도피' 같은 배려가 필요하다. 바로 적절한 휴식과 정신적인 지지다.

억눌린 감정을 해소하지 못하면 화병이라 부르는 '신체 증상을 동반한 우울증'에 걸리기 쉽고 불면증이나 적응장애에 시달리기도 한다. 자아 존중감이 떨어져 심한 경우 자살 충동이 일어날 수도 있다. 근로자 개인의 삶이 피폐해지는 것은 물론, 업무 효율이 떨어지고 사회 문제로 비화하는 것도 당연한 결과다. 감정 노동자의 고통을 해소하려는 사회와 기업 차원의 노력이 절실한 이유다.

2부

싸움의 기술 - 하나

스캔하기

〈싸움의 기술〉이라는 영화에서 싸움을 배우러 온 찌질한 학생에게 싸움의 고수는 이렇게 묻는다.

"집에 돈 좀 있냐?"

싸움을 잘 하든 못 하든, 치료비든 게임 값이든 돈이 든다는 말이다. 그러니 누가 싸움을 걸어도 싸움에 말려들지 말라. 고수는 함부로 싸우지 않는다. 그렇다면 싸움을 걸어오는 진상 고객들을 어떻게 대해야 할까? 싸움은 가급적 피하는 것이 좋다. 그러려면 먼저 고객이 왜 여기 와서 '지랄'을 하는지 이유를 알아야 한다. '그런데 왜 여기 와서 지랄하는 건데요?'라고 물을 수는 없다. 왜? 고객이 이미 여러 번 말했을 테니까. 뭔가가 불편해서 왔을 것이고, 자기 뜻대로 안 되어서 왔을 것이다. 그리고 왜 열이 받았는지는 고객이 이미 말을 했다. 그저 당신이 그 말을 이해하지 못했을 뿐이다. 그들의 불평과 요구가 너무도 황당해서 당신 사고로는 고객의 불평이 이해가 안 되었을 테니까.

고객의 갑질은 당신의 이해와는 다른 문제다. 이 세상엔 당신과 사고 체계가 다른 사람들이 지구의 대부분을 차지한다. 어떤 나라는 아이가 귀여워서 머리를 쓰다듬으면 모욕으로 느낀다. 어떤 나라는 아랫사람이 윗사람에게 깍듯하게 인사를 하면 비굴하게 본다.

우리나라에서도 마찬가지다. 어떤 사람들은 칭찬을 하면 화를 낸다. 어떤 사람은 응대를 하면서 눈을 마주쳤다고 뭐라고 하고, 어떤 사람들은 눈도 안 맞추고 일한다고 뭐라고 한다. 사람들은 모두 다 다르다. 그들의 사고 체계를 이해하는 것은 당신 일과 아무런 상관이 없다. 그들의 불만과 분노를 일정 수준으로 끌어내려 상식적인 수준으로 합의해서 보내는 것이 당신의 일이다.

고객의 머리부터 발끝까지 스캔해서 알아내야 한다. 당신이 놓친 모든 단서는 고객이 이미 노출했다. 소리를 지르면서, 눈을 부라리면서, 책상을 땅땅 쳐 가면서 이미 모든 의도를 드러냈다. 그래도 잘 모를 때가 많다고? 그렇다면 몇 가지 스캔의 기술을 알아보자.

스캔 1 _ 원하는 바가 분명한 고객

고객이 화를 낸다. 이 고객이 왜 화를 내는 것일까? 화를 낸다는 것 자체에 압도되었더라도 상황 파악은 필수다. 고객이 화를 내면서 뭐라고 하는지, 인신공격의 수위를 넘나들며 하고자 하는 말이 무엇인지 잘 들어야 한다. 그가 사용하는 문장에 "왜 안 해 주느냐?", "이게 말이 되느냐?", "팔아먹을 때는 언제고 이제 와서 못 해 준다니 말이 되느냐?", "돈만 받아 처먹고 나 몰라라 하느냐?" 등이 들어가 있다면 둘 중 하나다. 원하는 것을 해 달라고 하는 것이거나 화풀이를 하는 것이거나. 이미 상황이 종료된 건이라면 화풀이를 하러 온 것이고, 아직 상황이 벌어지고 있다면 원하는 것을 얻으러 온 것이다. 원하는 것을 얻으러 온 사람에게는 원하는 것을 주면 된다. 문제는 고객이 원하는 것을 줄 수 없는 경우다. 아마 그래서 화를 내는 것일 것이다.

아무리 해도 고객이 원하는 것을 줄 수 없는데 고객이 화를 낸다. 어떻게 할까? 고객의 화를 더 돋우지만 않으면 된다. 화를 더 돋우지 않고 고장 난 녹음기처럼 '규정상 안 된다'는 말만 반복하면 된다. 화를 내는 사람이 계속 화를 자가 발전하는데 화를 돋우지 말라는 말이 말이 될까?

우선 화에 대해 살펴보자. 고객이 열 받았다는 신호는 고객이 화를 내면 알 수 있다. 물론 누구나 상대방이 화난 것을 잘 알아차리는 것은 아니다. 고객이 화가 머리끝까지 날 때까지 못 알아차리는 사람도 많다. 화를 꾹꾹 눌러 참다가 어느 순간 폭발하는 부모 밑에서 자란 사람들은 고객의 몸 안에서 화가 끓고 있다는 사실을 비교적 잘 알아차린다. 이런 사람들은 화를 잘 알아차리고 잘 대처할 수 있다. 물론 화에 압도당해 살아온 사람은 화를 알아차리기는 하지만 대처를 잘 못하는 경향이 있기는 하다. 하지만 상대가 화가 난 사실을 모르고 삽질을 하는 사람들보다는 백배 낫다. 고객은 화로 화를 표현한다. 화를 참느라 한숨을 쉬거나 신음소리를 내거나 눈을 위아래로 굴린다. 다 화가 났다는 표현이다.

고객이 화를 낼 때 같이 화를 내는 사람이 있다. 고객은 화낼 이유가 있어서 화를 낸다. 일이 안 풀렸다든지, 일이 늦게 풀렸다든지, 일이 생각보다 쉽게 풀렸다든지, 안 되는 줄 알았던 일이 풀렸다든지 다 이유가 있어서 화를 낸다.

화내는 고객을 보는 것만으로 같이 화를 내는 사람은 하수다. 만일 그 하수가 당신이라면 당신 안에는 '화'라는 지점에 푹 파인 웅덩이가 있다고 볼 수 있다. 아마 당신의 인생 역정에서 그 부분이 발목을 많이 잡았을 것이다. 당신은 몇 건의 사건이 떠오를 것이고 여전히 당신이 옳았다고 생각할 것이다. 물론 당신이 옳았다. 언제나 상대방이 틀렸고 당신은 정당한 방식으로 문제를 해결해 왔다. 동의한다.

지금은 이 책을 집어 들었으니 조금 다르게 해결해 보자. 아마 당신이 자라온 가정에서는 화를 내면 안 되는 규칙이 있었을 것이다. 누군가 화를 내면 비난을 받거나 혹은 가정을 통제하는 가정 안의 권력자가 그 화에 대해 화로 응징했을 것이다. 화란 높은 사람이 내면 정당한 것이고, 낮은 사람이 내면 정당하지 못한 '쓰레기 같은 감정' 취급을 받았을 것이다. 화는 절대로 내서는 안 될 감정이지만 상대가 먼저 내는 화에 한해서는 화로 화답하는 것이 매우 정당하다는 가정 내 규칙이 있었을 것이다. 그래서 당신은 화내는 사람을 보면 반사적으로 화를 내게 되는 것이다.

최근까지 심리학적으로 공인되는 화에 대한 개념은 이렇다. 화란 감정의 표현이고, 감정이란 것은 나쁘거나 감추어야 하는 것이 아니다. 화까지도 말이다. 그러니 누군가 화가 났다면 그 사람 입장에서는 매우 정당하고 옳은 일이다. 물론 그 감정을 표현하느라 남에게 피해를 주거나 상처를 주어서는 곤란하다. 화가 나는 것까지는 괜찮지만 화가 났다고 해서 상대를 모욕하거나 물건을 던져 파손하거나 남을 때리면 안 된다. 상대를 모욕하면 실정법 위반이다. 소리를 지르는 말의 내용에 문제가 있으면 명예 훼손이나 모욕이 되고, 물건을 파손하면 위협이나 손괴죄가 된다. 남을 때리면 폭행이 된다. 그 모든 죄가 화를 낸 사람의 몫이다. 그러니 화를 내는 사람을 보는 것만으로 당신이 화가 나거나 심장이 뛰거나 응징해야겠다는 마음을 먹거나 상대가 화를 냈다는 것이 당신이 어떤 언행을 하든지 면죄부가 된다고 생각한다면 패가망신할 수 있다. 직장에 와서 그런 일을 벌이면 더욱 곤란하다.

자신이 자란 가정에서 화를 내는 사람의 말과 행동 방식 때문에 화를 문제 삼아 왔는지, 화 자체를 문제 삼아 왔는지 구분하기는 쉽다. 다시 말하면 화를 못 내게 하는 것과 화를 표현하는 방식에 대해 토론하는 것은 사뭇 다르다. 만일 당신 가정에서 "그게 화낼 일이냐?", "너는 왜 뻑 하면 화를 내냐?", "내가 언제 화를 냈다고 그래?", "아까 화냈잖아." 등의 이야기가 오갔다면 화의 표현 방식이 아니라 화 자체를 문제 삼는 가정이라고 볼 수 있다.

화는 누구든 낼 수 있다. 화는 죄가 없다. 그러니 고객이 와서 화를 낼 때 당신의 심장이 뛰고 뒷목이 뻣뻣해지고 숨소리가 거칠어진다면 그것은 당신의 취약함이다. 고객은 화를 내도 된다. 고객이 왕이라서가 아니라 화를 내는 것은 인간 고유의 권한이기 때문이다. 하지만 화를 내는 여러 이유 중에 앞사람이 화를 내서 당연히 화가 났다고 말하는 것은 당연한 말이 아니다.

정리해 보자.

고객은 뭔가 필요로 하는 것이 잘 이루어지지 않아 화를 내고 있다. 고객이 화내는 것을 보니 당연히 당신도 화가 난다. 그래서 싸웠다. 여기서 아무도 잘못이 없다. 당신도. 고객도 잘못되지 않았다. 하지만 당신 직장의 오너는 고객과 싸우라고 당신을 고용하지 않았다. 고객이 화를 냈다고 팔 걷어붙이고 화를 낸다면 당신은 직장에서 오래 못 갈 것이고 화가 나 죽겠는데 억지로 꾹 참는다면 당신 건강에 적신호가 켜질 것이다. 고객이 화를 낸다. 당신은 약간 긴장이 된다. 고객이 화를 내는 포인트를 잘 이해하려 신경을 집중한다. 이것이 올바른 대처다.

스캔 2 _ 화풀이하는 고객

이미 상황은 종료되었다. 손님이 가져온 상품은 반품이 안 되는 것으로 결론이 났고 손님은 돌아갔다. 그런데 손님이 다시 와서 화를 내면서 소리를 지른다. 왜 안 바꿔 주느냐고. 잘 살펴봐야 한다. 이 분은 상품을 교환받기를 원해서 온 것이지만 따지고 보면 그렇지도 않다. 이미 마음속으로 교환 및 환불에 대해 마음을 꺾고 온 것이다. 물론 교환해 주기를 바라는 마음도 있겠지만 말이다. 이미 이런 고객에게는 원하는 것을 해 주어도 만족도는 그리 높지 않다. 이 분은 화풀이를 하러 온 것이다. 원하는 바를 관철하러 온 고객보다는 대처하기가 훨씬 쉽다. 들어 주기만 하면 된다. 화난 상황에 대해 공감만 해 주면 된다. 교환보다 더 깊은 위로와 만족감을 얻고 돌아갈 가능성이 있다. 물론 화풀이 고객은 원하는 것을 요구하러 온 고객보다 더 까다롭다. 자신의 인생에서 풀리지 않는 부분을 들이대며 악다구니를 쓰기 때문이다. 예를 들어 보자.

여기 급하게 발부받아야 할 서류를 떼러 주민센터를 찾아온 사람이 있다. 그런데 주민센터가 갑자기 이전을 하는 바람에 날도 더운데 이리저리 헤매다가 정해진 시간 내에 필요한 서류를 내지 못하게 돼 버렸다. 중요한 절차를 밟지 못하게 되자 그 사람은 맥이 탁 풀렸다. 집으로 가다 말고 갑자기 그는 발길을 돌려 이전한 주민센터로 향한다. 악다구니를 해 가면서 직원에게 책임을 물으려고 한다. 책임을 묻고자 했다기보다는 치밀어 오르는 화를 어찌지 못해 화풀이를 하러 온 것이다. 일이 내 맘대로 안 될 때 '인생이 원래 그런 것이다.'라는 사실을 알지 못하는 사람들이 보여 주는 사례다. 이런 경우는 많다. 지각한 아이가 엄마에게 화풀이를 하고, 승진에서 떨어진 남편이 아내에게 화풀이를 하고, 프로젝트에서 밀린 상사가 부하 직원에게 그 책임을 묻고, 인생이 내 맘대로 풀리지 않는 엄마가 자녀들에게 자기 인생의 책임을 묻듯이, 갑질 고객은 자신의 불행을 엉뚱한 사람에게 묻는다.

자기 인생은 자기가 책임진다. 내 인생 책임지기도 바쁘다. 그런

데 자기 일이 꼬였다고 화풀이를 해댄다. 누구도 해결해 줄 수 없고 오로지 자기가 져야 할 몫인데. 한편으로 불쌍하고 한편으로 당연한 일이다. 보다 나은 통찰로 성숙하지 못한 사람이 무슨 일인들 풀릴까.

당신은 둘 중 하나를 선택해야 한다. 이 가여운 인생을 앞에 두고 당신은 어떤 패를 던질지 결정해야 한다. 가여운 인생이 오늘 화풀이라도 하고 돌아가도록 할지 아니면 법대로 혹은 매뉴얼(만일 당신 직장에 고객 응대 매뉴얼이 없다면 지금 당장 만들어 달라고 하자.)대로 할지.

고객을 가엾게 여겨 화풀이를 돕자고 마음먹었다면 이제 할 일은 다음과 같다. 고객의 분노와 속상함에 공감해야 한다. 분노를 일으킨 당사자가 당신이 아니라면 공감하기는 어렵지 않다.

"그랬군요."

"많이 화나셨겠네요. 화나실 만합니다."

"충분히 이해가 됩니다."

고객은 해결을 원하는 것이 아니다. 공감을 해 주고 마음을 쓰다듬어 주면 분노는 가라앉는다. 고객의 마음을 읽어 주고 고객의 분노를 잠재워 해결하기 원한다면 몇 가지 지침을 따라야 한다.

대응 1 _ 말을 많이 하지 마라

말을 많이 하지 말라. 고객으로 하여금 말하게 하라. 고객은 들으러 오지 않았다. 이 세상 대부분의 사람은 들으려고 하지 않는다. 특히 화난 사람은 절대 듣지 않는다. 거기에 말을 보태는 것은 소귀에 경을 읽으려고 하는 것이나 마찬가지다.

고객이 화를 너무 내서 고객의 흐름을 끊으려고 화제를 돌리려고 하는 당신의 시도는 소용없을 것이다. 고객이 하는 말을 그냥 들어라. 고객이 당신에게 질문할 때까지. 가끔 추임새만 넣으면서 충분히 듣고 있다는 것만 보여 주면 된다.

묻지도 않은 말을 아무 말이나 하면 안 된다. 전에는 글만 증거로 남고 말은 공중에 사라진다고 믿었으나 진화된 휴대폰과 SNS 덕분에 내가 했는지 기억도 안 나는 말조차도 세상에 남아 있다.

말을 많이 해서 문제가 된 경우는 많지만 말을 하지 않아서 문제가 되는 경우는 적다. '아까 그 말을 했어야 하는데……' 하는 후회보다 '아까 그 말을 안 했더라면……' 하는 회한이 더 뼈아프다. 그러니 말을 아껴라.

대응 2 _ 표정을 온화하게 하라

표정을 숨기지 못하는 사람들이 있다. 누가 뭐라고 하면 우선 표정에 나타나서 말을 하지 않아도 표정으로 그 말의 내용을 다 표현하는 사람들이 있다. 하지만 우리가 고객을 상대하기로 마음먹었다면 그런 표정은 바꾸는 것이 좋다.

꼭 우리가 고객을 상대하는 입장이라서가 아니라 우리 자녀들에게도 마찬가지다. 아이의 행동이 내 마음에 들지 않을 때 표정이 일그러질 때가 있다. 나중에 보면 아이가 한 짓은 그리 큰 문제가 아닐 때가 많다. 그런데도 우리는 순간적으로 표정이 일그러진다. 이미 표정으로 아이를 비난하고 야단치고 화를 낸 것과 마찬가지다. 이때 필요한 것은 '네 행동 때문에 내가 좀 놀랐고, 왜 그런 행동을 했는지 이해하고 싶으며, 그런 네 행동이 엄마에게 어떤 영향을 끼쳤는지 알게 해서 서로가 더 나은 표현을 찾아보자는 교육'인데 그 이야기를 하기도 전에 이미 비난과 분노와 야단을 쳐 버린 것이다.

고객에게도 마찬가지다. 우리는 자기도 모르는 새 고객을 표정으로 야단치고 비난하고 무시한다. 그것이 인간의 감정인데 그것을 감추라는 말이냐고 묻는다면 이렇게 답하고자 한다.

"이 세상의 모든 감정은 옳고 정당하고 표현 가능하지만 남을 비난하고 야단치는 그런 것은 감정 목록에 없습니다. 당신은 이 세상의 악을 응징하는 재판관이 아닙니다."

대응 3 _ 시간이 흐르는 것을 초조해하지 마라

진상 고객과의 싸움은 시간과의 싸움이라고 해도 과언이 아니다. 빨리 일을 마치고 해야 할 일이 있는데 고객의 분노는 가실 줄을 모른다. 사실 고객이 힘들다기보다 속절없이 흐르는 시간이 초조해서 판단을 못 하는 수가 많다. 하지만 어쩌랴. 시간에 초조해하는 사람이 지는 싸움이다.

열이 날 대로 난 고객을 한방에 고개 숙이게 만드는 비법은 어디에도 없다. 시간도 들이고 표정도 밝게 하고 당신이 가지고 있던 화에 대한 생각을 바꾸기도 해야 한다. 싸움의 마지막까지 당신은 마음을 놓을 수 없다. 이 싸움을 통해 월급 받는 사람은 당신이다.

대응 4 _ 말을 하지 않고 표정을 온화하게 하는 것 이외에 방법은 없다

만일 당신이 다음과 같은 가정에서 태어나서 자랐다면 진상 고객을 다루는 일이 아주 쉬울 것이다. 당신이 화낼 때 이렇게 생각하는 부모 아래 자랐다면 당신은 이 일을 아주 어렵지 않게 해내고 있을 것이다.

- 아이의 부정적 감정은 부모자식 간의 친밀도를 높일 기회를 제공한다고 생각한다.
- 슬퍼하거나 화를 내거나 두려워하는 아이와 시간을 보내는 것을 참을 수 있다.
- 아이의 감정에 인내심을 보인다.
- 아이의 감정을 파악하고 그것에 초점을 맞추어 대응하는 일이 의미 있다고 생각한다.
- 아이의 부정적 감정의 세계가 양육 방식의 중요한 영역이라고 생각한다.
- 아이의 감정 상태를 알기 힘들 때도 예민하게 감정을 포착한다.
- 아이의 감정 표현에 당황하거나 걱정하지 않는다. 어떤 행동을 취해야 하는지 잘 알기 때문이다.
- 아이의 감정을 존중한다.
- 아이의 부정적 감정을 놀리거나 무시하지 않는다.
- 아이가 어떻게 느껴야 하는지 지시하지 않는다.
- 아이를 위해 자신이 모든 문제를 해결해야 한다고 느끼지 않는다.

- 감정적인 순간을 다음과 같은 기회로 본다.
  - 아이의 말에 귀를 기울일 기회
  - 위로의 말과 애정으로 공감대를 형성할 기회
  - 아이가 자신이 느끼는 감정에 이름을 붙이도록 도울 기회
  - 감정 조절에 대한 지침을 제공할 기회
  - 한계를 정하고 수용 가능한 감정 표현이 무엇인지 가르칠 기회
  - 문제 해결 기법을 가르칠 기회

(존 가트맨, 〈내 아이를 위한 사랑의 기술〉에서)

훌륭한 양육을 못 받고 자랐다고 좌절할 필요는 없다. 늦지 않았다. 바로 지금이 기회다. 자신에게 성장을 가져다줄 훌륭한 양육은 자신 스스로가 가장 잘할 수 있다. 우리 안에는 아직 자라지 못한 어린아이와 그 어린아이에게 부드러운 미소와 상냥한 배움의 기회를 제공하는 성숙한 부모가 함께 존재하고 있다. 아이의 성장을 돕는 존 가트맨의 부모 지침을 나를 위한 성장 지침으로 바꿀 수 있다. 주어를 아이 대신 나 혹은 나의 내면으로 바꾸어 보자.

대응 5 _ 뭘 하든 매사에 SNS를 조심하라

SNS는 때때로 그 폐해가 우리 개개인을 무력하게 만든다. 오늘 어디에 가서 찍어 올린 사진이 내일 내 발목을 잡고, 어제 기분 좋아 쓴 그 단어(그게 행복이라는 단어일지라도)로 오늘 내가 설 곳을 잃게 되기도 한다.

어떤 여학생이 학교에서 아이들에게 왕따를 당하다 못해 SNS에 그 사실을 올렸더니 많은 네티즌들이 그 아이를 괴롭혔다고 지목된 가해자들을 심하게 비난하면서 이 아이 편을 들어 주었다. 하지만 그 기쁨도 잠시, 그중 한 사람이 자살하는 바람에 이번에는 이 아이가 친구를 자살에 이르게 한 가해자로 비난을 받는 역전이 일어나고 말았다. 반의 왕따를 벗어나려다가 전국 왕따가 된 것이다. 이게 SNS의 속성이다. 네티즌의 한마디 한마디에 내 생존권과 행복이 좌지우지되는 것이 바로 SNS다.

어제 행복에 겨워 올린 사진 한 장이 오늘 불행의 씨앗이 될 수 있고, 오늘 기분 좋아 쓴 인생관 한마디가 내일 내 발목을 잡는 글귀로 떠돌 수 있다. 어제 기분을 떨치려고 쓴 한마디가 상황과 절묘하게 편집되어 고객을 비난하거나 비웃었다고 의심받을 수 있고, 위로를 주는 친구를 만나 올린 건배 샷 때문에, 또 오늘 올린 사진의 구석에 있는 희미한 물체로 인해 전국적인 몰매를 맞을 수도 있다.

스캔 3 _ 인생의 진정한 스승, 진상 고객

인생의 진정한 스승은 예고 없이 찾아온다. 물론 많은 분들이 한 수 가르쳐 주고자 찾아오셨지만 당신이 문을 열어 주지 않았다. 부모님, 선생님, 학교 친구들, 직장 동료나 상사, 부하 직원들이 우리를 막다른 골목으로 몰아갔지만 잘 피해 왔다. 하지만 고객의 탈을 쓰고 오는 스승은 피할 도리가 없다. 외나무다리에서 만난 것이다. 이것은 스캔이 필요 없다. 온몸으로 느낄 수 있다. 오늘 대단한 적수를 만났다는 사실을. 그들은 이런 자세로 당신 앞에 서 있다.

'내 인생이 다 꼬였고, 그 이유가 바로 오늘 처음 만난 너 때문이다.' 이런 고객은 조심해야 한다. 이런 고객은 말마따나 되는 일은 하나도 없지만, 고객 응대 직원을 골로 보낼 수는 있다. 물론 그것을 다 이루어 놓고도 본인은 되는 일이 없다고 한탄한다는 것이 함정이지만.

이런 고객은 당신 혼자 대처할 수가 없다. 상사에게 넘기거나 직원들의 연합 작전을 써야 한다. 도전적인 사람들이 이런 영웅을 혼자 대적하려다가 유혈이 낭자해져 회생이 불가능한 경우를 많이 보았다. 혹시 당신이 아주 강한 고객을 만나 일대일 세기의 대결을 한 적이 있다면 더욱 조심해야 한다. 그런 대결에서 당신이 이기기는 어렵다. 일찌감치 꼬리를 내리고 철수하는 것이 좋다.

상사에게 맡겨라. 상사가 싫어한다고? 상사도 해결하지 못할 것 같다고? 그러니 더욱 상사에게 맡겨야 한다. 고객 응대에서 그런 일 하라고 상사에게 월급을 더 주는 것이다. 그러니 상사에게 고객을 넘기는 것을 두려워하거나 미안해하지 마라. 의대 나온 의사들도 이렇게 말한다.

"큰 병원에 가 보시죠."

상담계에서도 자신의 능력을 벗어나는 문제를 가진 내담자는 다른 상담자에게 의뢰하는 것이 업계의 윤리다. 고객을 떠안은 상사가 투덜거릴지는 몰라도 직장을 다녀 보면 안다. 모르는 일을 귀찮게 물어 보는 부하 직원은 참을 만해도, 묻지도 않고 일 저지르는 부하 직원과는 같이 일 못 한다. 뭘 모르는 직원은 참을 만해도 아무 말이나 해서 일 저지르는 직원은 더 같이 일 못 한다. 물론 당신은 부족한 직원보다는 유능한 직원이 되고 싶을 것이다. 하지만 부족한 직원이 되길 택하라. 유능하고 싶은 당신의 욕구 때문에 당신도 힘들고 결국에는 동료와 상사도 힘들게 할 수 있다. 부족한 당신 자신을 받아들여라. 당신의 한계를 넘나드는 고객은 상사에게 넘겨라.

만일 당신이 고객 담당 책임자라면 어떻게 해야 할까? 그래도 싸우지 않는 편이 좋다. 그런 고객은 답이 없다. 그런 고객을 잘 선도해서 영웅이 되고자 하는 소망이 있다면 모를까, 그것이 아니라면 CCTV를 잘 고정해서 증거물을 확보하고 음성 녹음을 해 두는 것이 좋다.

여기서도 이전에 언급한 팁은 유효하다. 녹음이나 CCTV에 불리한 증거를 남기지 마라. 그러려면 말을 많이 하지 말고 표정을 온화하게 하는 것이 역시나 중요하다. 나머지는 경찰과 변호사가 알아서 해 줄 것이다.

달콤한 해결, 달콤한 위로

싸가지 없는 고객을 어떻게 요리해서 찍소리 못하게 통쾌하게 이길 것인가, 이번 장 '싸움의 기술'을 그 방법을 탐구하는 장으로 오해하지 말기를 바란다. 자기 속마음과는 관계없이 고객용 자세를 유지해야 하는 것이 감정 노동의 핵심이라면 우리는 스스로의 감정을 보호해 고객과 만날 자원을 만들어야 하고, 날카로운 공격을 가하는 고객에 맞서 자신을 보호하고 나아가 고객의 마음도 다치지 않도록 상당히 높은 기술을 써야 한다. 상대방을 때려눕히는 것이 목적이라면 이 악물고 싸우는 것이 최선이지만 상대를 부드럽게 제압하면서도 다치기는커녕 기쁨을 느끼게 해야 한다. 그러려면 자신을 먼저 돌보는 것이 우선이다. 고전에 나오는 영웅들은 하나같이 전투에 나가기에 앞서 자신의 내면을 돌보고 상대방을 탐색한다. 우리도 제일 먼저 우리 자신을 보호하는 법부터 배우자.

자기감정을 숨기고 직무에 맞는 표정, 말투, 제스처를 취하는 데는 엄청난 에너지가 소비된다. 정신력이 소진되고 회복하지 못하면 흔히 '스마일 마스크 증후군'이라고 부르는 일종의 우울증이 촉발될 위험이 대단히 높다. 이 위험을 조금이라도 낮추고 스트레스를 재조정하여 기력을 회복하려면 어떻게 해야 할까? 우선 쉽고 간단한 방법이 있다. 바로 당분 섭취다. 다이어트가 시대의 화두가 된 현대인들에게 달갑지 않은 소식이겠지만 포도당이 감정을 누그러뜨린다는 것은 경험적으로도 과학으로도 증명된 사실이다.

심리학자들이 다음과 같은 실험을 했다. 정신력의 일종인 자기 통제력을 발휘하고 난 사람들을 두 집단으로 나누어, 한 집단은 포도당이 든 설탕물을 마시게 하고 다른 집단에게는 단맛만 낸 인공감미료를 마시게 한 후 다시 통제력을 테스트했다. 설탕물을 마신 사람들은 다시 통제력을 회복했지만 단맛만 낸 인공 감미료를 마신 사람들은 회복을 보이지 않았다. 우리가 걱정거리나 불안을 달래려고 달콤한 먹을거리를 찾는 것은 본능적으로 능률적인 선택이다. 다만 지나치면 건강을 해치고 외모로부터 오는 또 다른 스트레스를 맞이해야 하는 한계가 있겠다.

고객에게 마음 상한 동료나 부하직원이 있다면 우선은 달콤한 차나 쿠키를 건네며 따뜻한 위로의 말을 하는 것은 효과적일 것이다. 비록 고객 응대에 실수와 허점이 명백하게 드러났다 하더라도 당장에 지적하고 교정하려 드는 것은 올바른 접근이 아니다. 사람의 정신력도 배터리처럼 용량이 있기 때문에 다시 충전하지 않으면 바닥을 드러낸다. 방금 스트레스를 겪은 사람에게 곧바로 충고나 질책을 하는 것은 최악의 방법이다. 이럴 때 필요한 것은 바로 '달콤한 위로'다. 당분 섭취와 격려로 원기를 회복한 이후에야 이성적인 충고가 힘을 발휘할 수 있다.

스스로도 때로는 다이어트 따위는 잊어버리고 위로의 초콜릿 한 조각을 자신에게 건네 보는 것은 어떨까. 어려운 고객을 만나러 가기 전의 불안한 마음이나 주위의 온갖 불량 고객에게 받은 쓰라림을 달래는 데 분명 효과가 있을 것이다. 머리에 뜨거운 김을 뿜어내는 고객에게도 상황이 허락한다면 역시 이 달콤한 진정제 투여는 시도해 볼 만하다.

즐거운 해결, 즐거운 단짝 친구

하루 종일 직업적인 미소와 친절한 표정에 시달려 내 얼굴이 가면처럼 굳어졌다면 어떤 방법으로 회복할 수 있을까. 힘든 고객을 만났거나 상사와 한바탕 푸닥거리라도 했다면 설탕물 정도로는 어림도 없는 일이다. 이럴 때 필요한 존재는 바로 달고 짭짤한 단짠단짠한 단짝 친구다. 내 얘기를 들어 주고 맞장구쳐 주고 어지간한 일도 마침내는 웃어넘길 힘을 갖게 만드는 친구, 바로 그 존재가 감정 노동 스트레스를 줄여 줄 비타민이다.

우리는 가끔 뉴스에서 느닷없는 유명인의 자살 소식을 접하고 깜짝 놀라곤 한다. 연이어 그의 장례식장에 많은 사람들이 달려와 '내 친구가 이런 선택을 할 줄은 몰랐다'며 애통해하는 모습이 뉴스에 나온다. 그럴 때 우리는 슬픔과 함께 의문을 느끼기도 한다. 저렇게 친구도 많고 가족도 있는데 왜 그런 극단적인 선택을 했을까? 심한 우울증을 앓았던 것이 아니라면 그는 분명 극심한 외로움과 절망 끝에 그런 결정을 내렸을 것이다.

심리학자 존 카시오포는 외로운 사람의 기준을 '깊은 관계를 맺는 사람이 있는지의 여부'로 설정했다. 외로운 사람은 친구의 수가 적은 것이 아니라 진정한 친구가 없다는 것이다. 하버드 대학의 심리학자들이 어떤 요소가 인생의 행복을 결정하는지를 알아보기 위해 하버드 신입생들을 대상으로 그들이 90대가 될 때까지 추적 관찰하는 대규모 연구를 진행했다. 엄청난 자원과 심리학자들이 동원된 이 70년간의 종단 연구를 통해 밝혀진 행복의 요소는 무엇이었을까? 이 역시 대단한 그 무엇이 아니라 가까운 사람과의 따뜻한 인간관계였다.

우리의 시간과 자원은 무한하지 않고 한정되어 있다. 때문에 주위 모든 사람과 깊은 친구 관계를 맺기는 어려운 일이다. 만인의 연인이나 친구는 그 누구의 연인도 친구도 아닌 이유다. 친구가 많고 다양한 것은 분명 우리 삶의 활력소이자 큰 즐거움이지만 깊게 맺는 관계에 소홀하다면 정신적인 어려움이 찾아왔을 때 정작 손을 붙잡고 싶은 사람이 없을지도 모른다. 단 한 명이라도 내 내면을 털어놓고 이해받을 수 있는 사람이 있다면 스트레스는 한결 가벼워진다.

누군가는 이렇게 말하고 싶을지도 모르겠다. 그것을 누가 모르나? 누군들 속 깊은 친구 한 명 갖고 싶지 않을까? 없는 단짝을 갑자기 어디서 만들란 말인가?

진정한 내 사람을 만드는 방법은 무엇일까? 멋지고 훌륭한 스펙과 매력을 갖춰서 사람들이 내게 몰려오게 해야 할까? 적금 통장이라도 털어서 아낌없이 밥도 사고 베풀어야 할까?

방법은 간단하다. 내가 먼저 누군가의 가까운 친구가 되는 것이다. 물론 또 묻고 싶을 수 있다. 아니, 그러니까 내가 먼저 남의 진정한 친구가 돼 주고 싶기는 한데 그건 쉽냐고. 우선 그것부터 알려 달라고.

이 역시 단순하다. 상대의 말을 편안하게 들어 주기만 하면 된다. 쉽사리 판단하지 말고, 쉽사리 끼어들지 말고 그의 마음을 따라가 주기만 하면 된다. 상대의 이야기에 진심으로 귀를 기울이고 못난 점도 그대로 받아 주면 상대방도 그런 친구가 되어 준다. 관계의 진행 속도에 따라 나를 조금씩 더 공개하고 나의 내밀하고 부끄러운 지점까지 함께 나눌 용기를 보여 주면 상대방 역시 그런 친구가 되어 준다. 피상적인 얘기와 자랑만 늘어놓으면서 좋은 관계를 만들기는 어렵다.

예를 들어 보자. 회사에서 상사에게 영혼까지 털리고 난 뒤 만난 친구들의 반응을 예상해 보자.

"뭐 그런 인간을 봤나? 지는 얼마나 잘하는데? 꼭 못난 놈들이 아랫사람 짓밟더라. 모지란 놈."

"진짜 황당했겠네. 나도 그런 일이 있었잖아. 나도 전에 똑같은 일을 당했는데 나는 이러 저렇게 해서 잘 넘겼잖아. 너도 그러지 그랬어."

"살다 보면 이런 일도 있고 저런 일도 있는 거지. 마시고 잊어. 사는 게 쉽지 않다. 너 어쩐지 직장에서 잘 나가더라 했다. 그런 상사 밑에서 어떡하냐? 앞으로가 큰일이네."

당신은 이 가운데 어떤 친구를 원하는가? 나라면 기분이 엉망이 된 내게 또 다른 충고나 스트레스를 주는 친구를 원하지는 않을 것 같다. 당신이 원하는 대로 똑같이 해 주면 친구도 호응한다. 아니면 이렇게 저렇게 호응해 달라고 구체적으로 요청해 보는 것도 좋은 방법이다. 그래도 상대가 호응해 주지 않으면? 물러나 다음 인연을 편하게 기다리면 된다.

가까운 사이가 되면 내가 상대방의 모든 문제를 해결해 주어야 할까 봐, 혹은 상대가 너무 가까이 다가와 내 존재를 압박하고 숨 막히게 할까 봐 뒷걸음질만 친다면 관계는 일정 수준을 넘기 어렵다. 가깝다는 것은 그 사람과 함께 기뻐하고 함께 울어 주는 것이지 그 사람의 해결사가 되는 것이 아니다. 마찬가지로 아무리 가까운 사람에게도 내 인생의 문제를 해결해 주기를 기대할 수는 없다. 이 점을 이해한다면 친구 맺기가 그렇게 어려운 일이 아닐 것이다. 그게 무슨 가까운 친구냐고? 남과 다를 바 없지 않느냐고?

함께 있어 주고 함께 기뻐하고 함께 웃어 주는 관계가 과연 그리 쉬운 관계일까? 함부로 비난하거나 지적하지 않고 시기하거나 질투하지 않고 내 감정을 이해하고 내 기쁨에 진정으로 동참해 주는 친구가 다섯 손가락을 넘는다면 당신은 정말 행복한 인생이다.

이 점은 고객에게도 역시 마찬가지다. 고객이 가져오는 모든 문제를 우리가 해결해야 한다고 생각한다면 감정 노동은 너무나 힘겨운 일이다. 고객의 기쁨과 슬픔을 함께 한다는 마음 정도라면 스트레스는 한결 가벼울 것이다. 고객 응대의 기초가 바로 거기서 시작하지 않는가.

진정한 해결, 다르게 보기

나를 지지해 주는 친구와 달콤한 초콜릿의 위로보다 스트레스를 더 근원적으로 해결하는 방법은 없을까? 있다. 세상을 바라보는 관점을 합리적으로 조절하는 것이다. 똑같은 스트레스 상황에서도 사람들은 저마다 다르게 생각하고 다르게 대응한다. 현실에 잘 적응할 수 있도록 유연하게 사고할 수 있다면 직장에서 뿐만 아니라 인생 전체에서 더 큰 자유와 행복을 누릴 수 있다.

중학교에서 상담교사로 있을 때 일이다. 상담실에 찾아온 3학년 남학생은 엄마와의 갈등으로 몹시 괴로워하고 있었다. 도대체 엄마가 숨쉴 틈조차 주지 않는다는 것이다. 사사건건 간섭을 하는 것은 물론 학원이 끝나 친구랑 떡볶이라도 사 먹고 오는 날이면 온 집안이 발칵 뒤집힐 정도로 걱정을 듣고 야단을 맞았다. 더 이상 엄마랑 눈도 마주치기 싫고 속으로 심한 욕까지 하고 있어 한편으로는 엄마에게 이러는 자신이 싫기도 하다고 괴로워했다. 아이의 상태를 전하자 어머니는 이렇게 말했다.

"세상이 얼마나 험한데요. 이 동네는 특히 그렇고요. 내 아들을 보호하는 건 엄마로서 당연한 의무 아닌가요? 저는 애가 돌아올 시간이 5분만 지나도 참을 수가 없습니다. 이렇게 보살핀 덕에 그나마 이날까지 안전하게 자란 거잖아요."

"네, 어머니가 아들을 얼마나 아끼고 염려하는지는 잘 알겠습니다. 그 덕분에 아이가 이제까지 멀쩡히 지내온 것도 틀린 말은 아닙니다. 그렇지만 똑같은 동네에서 좀 더 자유롭게 다닌 다른 친구들도 여전히 멀쩡히 잘 자라고 있는 것도 사실입니다. 이 점은 어떻게 생각하세요?"

"네? 그, 그건⋯⋯."

이 어머니가 좀 당황해하며 대답을 머뭇거리기에 한 가지 더 물었다.

"10시가 지나면 아이에게 어떤 일이 일어났을까 봐 두려우세요?"

"뭐, 깡패에게 죽도록 맞거나 납치되거나 어디선가 나쁜 애들이랑 어울려 못된 짓이라도 할까 봐⋯⋯. 요즘 TV에 매일 나오잖아요."

"그렇군요. 그런데 아이가 늦은 날, 실제로 그런 비슷한 일이 일어난 적은 있었나요?"

"네에? 무슨 말씀이세요, 그런 일이 일어나면 안 되죠."

"네, 당연히 그런 일은 절대 일어나서는 안 되죠. 그런 일이 일어나지도 않았고요. 그런데 어머니 머릿속에서는 그 일이 매일 일어납니다. 무척 힘드실 것 같아요. 그 때문에 아이도 몹시 힘들고요. 아드님은 일어날지도 모르는 일 때문이 아니라 어머니 그 걱정 때문에 친구들이랑 마음 편히 떡볶이 한 번을 못 먹는 거니까요."

"그건 그래요. 늘 힘들긴 해요. 아마 애도 힘들 거예요. 정말 다른 방법이 있을까요?"

다행스럽게 어머니는 험한 세상 자체가 아니라 자신의 지나친 공포감이 아들을 힘들게 한다는 사실을 받아들였고 이후 아들이랑 조금씩 다른 방법을 모색할 수 있었다.

세상이 험악한 것은, 감정 노동의 환경이 거친 것은 내가 당장 바꿀 수 있는 일이 아니다. 세상이 험하니 아들더러 '무조건 내 눈앞에 있어라'가 아니라 '좀 밝은 길로 다녀라, 늦을 때는 전화해라' 등의 여유 있는 방법이 가능하듯이 힘든 고객을 바라보는 우리 관점 역시 가능한 한 내가 상처받지 않고 가볍게 직장생활을 계속할 수 있는 방식이 되어야 한다.

돈과 권력으로 줄 세우는 이런 나라에서 흙수저로 태어난 내가 무슨 뾰족한 수가 있을까, 기껏 남의 비위나 맞춰야 하는 직장에 다니면서 뭘 바라, 요즘 유행하는 말로 '이번 생은 망했다'고 마음을 접고 있는가.

안경을 바꿔 써야 한다. 실내에서 선글라스를 쓰고 왜 이리 캄캄하냐고 하면 안 된다. 해마다 늘어가는 감정 노동자의 사표 쓰기 대열에서 비껴갈 수 있으려면, 한 인간으로서 자신과 화해하고 내 직업을 편안하게 받아들일 수 있으려면, 또한 풍요롭고 자유로운 존재로 성장할 수 있으려면.

나의 검은 그림자 살펴보기

　감정 노동자라면 귀에 못이 박이도록 들어온 말이 '경청'일 것이다. 지긋지긋해서 더는 듣기도 싫을지도 모르겠다. 왜 이렇게 경청을 강조할까? 어렵기 때문이다. 서비스 현장뿐만 아니라 우리가 남의 말을 잘 듣는 일은 결코 쉬운 일이 아니다. 거리에서, 지하철에서 혹은 모임 장소에서 사람들이 나누는 얘기들을 유심히 들어 본 적이 있는가? 대화라기보다는 각자 자기 독백을 주고받고 있는 경우가 많다. 고백하자면 상담을 한다는 나도 방금 주고받은 얘기를 떠올려보면 부끄러울 정도로 엉뚱한 얘기만 한 경우가 많다.

　남의 말을 경청한다는 것은 단순히 상대방의 말에 집중하고 귀를 기울인다는 것 이상의 의미가 있다. 상대방이 하는 말의 의도와 흐름까지 잘 듣는 것이 경청이다.

　어떤 친구가 동창 모임에 와서 딸이 서울대에 간 이야기를 계속하고 있다면 그 흐름과 의도는 무엇일까? 그렇다. 자랑이다. 시어머니가 며느리한테 명품 가방을 받은 친구 이야기를 여러 번 한다면 그 프로세스는 무엇일까? 부러움이다. 그 의도와 흐름을 읽어 주면 답은 이렇게 되겠다.

"자랑스럽겠다, 야."

"부러우시겠어요, 어머님."

만약 그 말을 내신등급 5등급 딸을 가진 나를 무시하는 것으로 받아들이거나, 나한테 명품 가방을 사놓으라고 하는 것으로 받아들이면 어떻게 될까? 인생이 꼬이는, 불길한 구덩이에 발을 집어넣는 것이기도 하지만 우선 올바른 경청이 아니다. 상대방의 의도와 흐름을 읽어 준 것이 아니라 내 마음의 어두운 그림자를 읽어 준 것이니까.

"뭐야, 그만 좀 해. 우리 딸 공부 안 되는 거 뻔히 알면서 지금 나 약 올리는 거니?"

"어머니, 지금 아범 월급이 얼만데 자꾸 제 앞에서 명품 가방 타령이세요? 그런 며느리 보려면 아들을 그 정도 수준으로 키우셨어야 되는 거 아니에요?"

이렇게 받아친다면 이후의 대화가 어떤 식으로 흘러갈까? 각자의 상상에 맡기겠다. 차마 이렇게 용감하게 표현하지는 못하고 속으로 꾹 눌러 참았다 하더라도 이런 생각에 사로잡힌 이상 이후의 대화가 화기애애할 리 없다. 억지로 화기애애한 대화를 이어갔다 해도 결과가 좋지 않기는 마찬가지다. 성향에 따라 죄책감과 좌절감, 원망과 분노 같은 부정적인 감정을 쌓아 두게 될 것이고 궁극적으로 자신의 인생을 부정적으로 바라보거나 관계가 껄끄럽게 흘러갈 것이다.

올바른 경청은 무엇보다 의도와 흐름을 왜곡하지 않는 데서 출발한다.

"어머, 네 딸은 공부를 무척 잘하는구나. 대단하다. 기쁘고 자랑스럽겠다."

공부에 대한 콤플렉스를 숨기려고 억지로 만든 마음이 아니라면 아무런 상처 없이 두 사람 모두 즐거운 대화가 가능할 것이다.

'사람이 모름지기 완벽해야 대우받는다. 학력도 좋아야 하고 직장도 번듯해야 하고 가진 것도 넉넉해야 하고 가족들도 내세울 만해야 하고 성격도 싹싹해야 한다. 그렇지 않으면 무시받기 마련이다. 그런 점에서 내 인생은 별로다. 그러니 언제라도 누구든 나를 무시하기만 해 봐라. 나도 그냥 있지는 않을 테다.'

이런 마음의 그림자가 하나도 없는 완벽한 사람은 이 세상에 없다. 남이 보기에 놀라운 조건을 갖춘 사람이 이런 그림자에 옭아매인 경우도 상담 현장에서 드물지 않게 보았다. 우리가 서비스 현장에서 혹은 가까운 관계에서 경청이 잘 이루어지지 않는다면 나는 잘 듣고 있는데 억지를 쓰는 고객이 문제라고 말하기 전에 내 마음속에 도사리고 있는 검은 그림자를 돌봐줄 필요가 있다.

경청은 존중하는 것

"내가 10만 원을 줬는데 만 원을 어쩌고는 9만 원만 받았다는 거야?"

고객이 버럭 소리를 지른다. 경마장과 경륜장의 지점 매표소에서 매일 벌어지는 일이다. 뭐라고 대답해야 할까? 이 말을 경청했다면 대답은 명확하다. "10만 원을 주셨군요?"이다.

하지만 안타깝게도 많은 사람들이 이렇게 대답한다.

"9만 원밖에 안 주셨거든요?"

고객은 날더러 돈을 떼어먹었다고 말하지 않았다. '돈 10만 원을 줬다.' 이렇게 말했을 뿐이다. 그러나 이 대답은 '당신은 9만 원밖에 안 줘 놓고는 10만 원을 줬다고 주장을 하는 이상한 사람'이라는 뜻이다. '너 사기꾼이거나 도둑이지?'라는 것과 별반 다르지 않다. 아니, 우리가 그렇게 말하지는 않았지만 불량 고객들은 한결같이 그렇게 해석한다.

우리는 고객이 얼마를 건넸는지 모른다. 다만 우리가 알고 있는 것은 우리가 받은 돈이 9만 원이라는 사실이다. 우리는 알고 있는 사실만을 말해야 한다. 고객은 10만 원을 줬다고 하고 우리가 그 돈을 세어 보니 9만 원이었다는 사실을 제외하고 우리가 아는 것은 없다. 사라진 1만 원에 대해서는 둘이 함께 규명해 봐야 하는 문제지, 우리 혼자 결론 내리고 그에 대한 책임을 고객에게 떠넘기고자 애쓸 문제가 아니다.

"고객님은 10만 원을 줬다고 하시고 저는 9만 원밖에 받은 바가 없으니…… 이곳에 혹시 떨어진 돈이 있는지 한번 찾아보겠습니다. 아무 것도 없네요. 어쩌면 좋을까요? 제가 받아서 세어 본 돈은 분명 9만 원입니다."

고객이 착각을 했을 수도 있고 일부러 그랬을 수도 있지만 '당신이 틀렸어!'라는 말을 듣고 기분 좋을 사람은 없다. 문제가 되는 사안을 놓고 잘잘못을 따지는 것은 싸움을 불러일으키는 전법에 불과하다.

"네, 분명히 10장을 주셨는데 9장밖에 없다니 당황되시죠? 다시 한 번 이 주변을 샅샅이 살펴보겠습니다. 혹시 모르니 고객님 주변도 한번 살펴보시겠어요?"

우리 목표는 고객이 자신의 잘못을 인정하게 만드는 것이 아니다. 설마 '네, 제가 멍청이거나 속이 시커먼 놈이었어요.'라는 고백이라도 받기를 기대하지는 않을 것 아닌가? 석연치 않더라도 상황에 수긍을 하고 돌아서게 만드는 것이 우리 목표다. 돈을 만지는 우리는 돈 문제에 대해 전문가이고 거의 실수가 없다. 만일 마감 때에 돈이 발견되면 다시 돌려 주면 된다.

"네가 돈을 빼돌렸잖아, 분명히 10만 원을 줬는데 그럼 그 돈이 어디로 갔다는 말이냐?"

고객이 이런 억울한 말을 할 때도 이 자세만 견지하면 된다.

"돈이 사라져서 화가 나신 것은 충분히 이해가 갑니다. 저도 마찬가지고요. 누군들 안 그러겠습니까? 저도 이 상황이 안타깝고 매우 당황스럽습니다."

우리가 고객을 이렇게 대하는 것은 뻔히 알면서 이리저리 구슬려 보려고 수를 쓰는 것이 아니다. 우리와 마찬가지로 그분들도 돈을 빼돌려서 남을 골탕 먹이려는 의도가 없는 사람이라고 믿어 주는 것이다. '돈은 중간에 사라졌지만 나는 당신을 의심하지 않는다. 오직 내가 알고 있는 것은 내 쪽에서 돈이 사라진 것은 아니라는 것이다. 하지만 혹시 모르니 마감 때 돈이 발견되면 연락을 드리겠다.' 이런 마음가짐이다.

경청은 상대방의 의도와 흐름을 내 마음대로 왜곡하지 않고 올바로 반영해 주는 것이다. 그러려면 경험에서 오는 선입견과 편견으로부터 벗어나 모든 사람에게 선의가 있다는 자세를 회복해야 하겠다. 비록 나를 속이고 이용하려는 고객을 하루에도 몇 명씩 만나는 것이 현실이라 해도 우리가 고객의 말을 경청하려고 마음먹었다면 그 모든 편견과 선입견은 잊어버리고 지금 만난 고객이 하는 말을 왜곡하지 않고 의도와 흐름 그대로를 읽어 주어야 한다.

고객은 '아무래도 당신 상습범 같은데?' 같은 뉘앙스의 의심이나 상대하기 싫은 눈초리를 받아서는 안 된다. 그 고객이 실제로 우리를 속이려 든 불량 고객이라면 더욱 그렇다. 그들은 눈치가 빠르다. 의심과 무시가 범벅된 눈빛을 받으면서 살아왔을 확률이 크다. 이런 눈빛에 관해서는 전문가다. 우리들 속마음 저 깊은 곳까지 꿰뚫어보고 있다가 나도 모르게 살짝 지나친 그 무시의 감정을 정확하게 낚아채서 파악할 수 있는 능력을 갖추고 있다. 이런 분들이 억울한 누명을 쓴다면 혹은 검은 속내를 증거도 없이 의심받는다면 결과는 어떨까?

불량 고객을 대하는 올바른 방법은 그들의 삶에 대한 존중이다. 경청의 자세 또한 마찬가지로 그분들을 존중하는 것이 그 선행 요소다. 고객이 왕이라서 하고 싶은 말이 있어도 꾹 참는 것이 아니라 고객을, 고객의 실수를 존중한다는 뜻이다.

상품과 나 사이엔 강물이 흐르고

내가 세상 사람을 다 마음에 들어 하지 않듯, 고객도 내가 마음에 들지 않을 수 있다. 내가 마음에 들지 않는 것도, 내가 파는 제품과 서비스가 마음에 들지 않는 것도 그저 그 사람의 개인적인 판단일 뿐이다. 그러니 제품이 마음에 안 든다고 항의하는 고객에게 굳이 제품의 질이 좋다는 말을 할 필요는 없다. 이따위 물건을 파느냐고 하는 고객의 말에 못 팔 물건 파는 사람 취급당했다고 발끈할 필요 또한 없다. 물건이 자기 마음에 안 든다는 말을 제품과 나를 동일시해서 날더러 불량 제품이라고 말하는 것으로 받아들여서는 곤란하다. 그러므로 여기에 올바른 대답 역시 명확하다.

"물건이 마음에 드시지 않는군요?"

이 말 대신 고객의 생각을 교정시키려는 말을 하면 싸움은 불 보듯 뻔하다.

"이 제품이 마음에 안 든다고 하시는 분은 고객님이 처음이거든요?"

"이 상품은 지난해 품질 대상을 받았거든요?"

"까다로우신 고객님들도 다 흡족해하신 제품이거든요?"

"강남에서 엄청나게 팔린 제품이거든요?"

"이 제품이 마음에 안 드신다고 하시면 이 세상에 고객님 마음에 들 제품은 없다고 보면 되거든요?"

이런 식으로 반응하는 판매원들을 가끔 만난다. 결과는 어떨까? 솔직히 말해서 고객들이 감정 노동자를 열 받게 하는 것은 맞지만 서비스 직원들도 고객들 염장깨나 지른다는 것은 서비스 업계에 공공연한 사실이다. 안 해도 될 말을 고집스레 내뱉고 염장인 줄 뻔히 알면서 콕콕 쑤시고 비아냥거리는 말투도 심심찮게 구사한다. 뭔가 기분 나쁘지만 딱히 어떻게 대응할지 모르거나 점잖은 고객이라면 다시는 이 매장에 오지 말아야지 하는 선에서 끝나겠지만 분노를 잘 표현하는 고객이라면 순식간에 진상 고객으로 돌변할 것이다.

비난에 쓰러지지 않기

대부분의 사람들은 타인이 비난이나 비평을 해 올 때 두 가지 반응을 한다. 방어나 반격. 방어는 "내가 언제 그랬다고 그래?"이고, 반격은 "그러는 너는 얼마나 잘하는데?"이다. 예를 들어 아들이 성적을 엉망으로 받아왔다. 그래서 한마디 한다.

"어째 공부를 안 하더라니. 성적이 이게 뭐냐?" 여기서 방어는 "공부했는데요?" 혹은 "제가 공부 안 하는 거 보셨어요?"이고, 반격은 "그러는 아빠는 얼마나 공부 잘했는데요?"다(물론 서울대 나온 아빠에게 쓸 수 없는 기술이다. 그래서 서울대 출신 부모를 둔 아이들은 불쌍하다).

TV 드라마 가운데 막장 드라마가 재미있는 이유는 방어와 반격 그리고 재방어와 재반격이 딱딱 맞물리는 대사 덕이 크다. 막장 드라마의 특징이 엿듣고 방어하고 반격하는 것이다. 소통이란 없다. 비난하고 방어하고 반격하고 싸운다. 시청자인 우리는 반격과 공격의 수위가 높아질수록 손에 땀을 쥔다. 심장이 쿵쾅쿵쾅 그리고 공격의 정점, 우리 심장이 멈추기 일보 직전, 드라마 장면은 딱 정지된다. 그리고 이어지는 자막, '다음 회 예고'. 이러니 우리가 다음 편을 기다리지 않을 수가 없다. 심지어 주인공이 당한 너무나 억울한 반격에 흥분한 나머지 다음 주에 등장할 대사를 우리 스스로 미리 읊어 보기도 한다. 어떤 독한 말을 해 주어야 저 얄미운 악역이 찍소리 한마디 못하고 자기모순에 퐁당 빠져 꼬리를 내리게 될까. 그리고 실제로 우리 예상을 뛰어넘는 강력한 한 방이 터지는 순간 우리 가슴은 뻥 하고 뚫리고 '순간 시청률'은 하늘을 찌른다. 이렇게 방어와 반격의 좋은 점은 상대방의 화를 돋우거나 기가 막혀 입을 다물게 만들 수 있다는 점이다. 내 목적이 그것이라면 어느 정도 달성이 가능하지만 문제는 이 성과는 극히 단기적이라는 것이다.

드라마에서도 알 수 있듯이 방어와 반격에 직면한 사람이 마음이 풀릴 리 없다. 잔뜩 화가 난 상대는 전열을 가다듬어 자기 기분이 상한 만큼 내 기분을 짓밟아 주기 위해 더 높은 수위의 말을 고르고 고를 것이다. 방어와 반격은 곧 똑같은 방어와 반격을 부른다. 방어와 반격은 불쏘시개다. 비평자는 방어를 보면 무의식적으로 한 발 더 앞으로 나가고, 타인의 반격을 연료 삼아 싸움을 더 크게 부풀린다.

고객의 비난에 방어나 반격을 하지 않으면 여러 가지 이점이 있다. 우선 세상의 비평에 방어하지 않고 비평을 잘 받아들이는 사람으로 성장할 수 있다. 또한 고객의 비평을 통해 자신에 대해 더 많은 것을 알게 된다. 나와 전혀 상관없는 종류의 비평이라면 무의식적으로 방어하거나 반격하지 않는다. 내가 하는 방어나 반격에는 숨은 나 자신에 대한 반영이 숨어 있다. 비평하는 고객은 그것을 알게 해 준다. 울컥 하고 뛰쳐나오려는 내 방어와 반격의 내용을 탐색함으로써 내 내면의 갈등을 해결하고 한 단계 성장할 수 있다. 비평하는 고객을 만나지 않았더라면 이룰 수 없는 소중한 결과다. 나를 화나게 하는 고객, 그 안에는 나를 위한 산삼 한 뿌리가 숨겨져 있다. 그것을 찾아 먹어 보자.

방어와 반격 대신 비평에 대처하는 현명한 자세는 무엇일까? 첫 번째는 더 물어 보기다.

"제가 그랬군요?"

"제 어떤 행동 때문에 그렇게 생각하셨나요?"

이 기술은 비평을 하는 사람의 시각에 좀 더 가까이 가기 위해서 쓰는 기술이다. 반격하거나 따지기 위해 쓰는 기술이 아니라 대화를 하고 소통을 하기 위해 쓰는 기술이다. 묻기를 통해 고객이 어떤 뜻으로 그 말을 하려고 했는지가 명확해진다. 고객의 말을 이해하고 고개가 끄덕여질 수도 있다.

"일도 똑바로 못하고 말이야."

"아, 제가 처리한 일이 마음에 안 드시나 봐요. 어떤 점이 불편하셨나요?"

"한번에 처리하면 될 일을 이리 갔다 저리 갔다, 버린 시간이 얼마냐고."

"맞습니다. 일 처리에 시간이 좀 많이 소모되셨지요? 저로서는 최선을 다한다고 했는데 고객님이 그렇게 생각하시는 것도 당연합니다."

"이게 당신 탓이겠어요? 이 회사 일 처리 시스템이 그런 것 같구만."

"이해해 주셔서 감사합니다. 회사에 더 효율적으로 처리하는 방식이 필요하다고 건의해 보겠습니다. 많이 답답하셨을 텐데도 이해해 주셔서 감사합니다."

진심을 담아 묻는 것만으로도 해결되는 경우가 많다.

없는 걸 있다고 하려니 얼마나 힘들까?

오래전 일이다. 친구의 형이 신학과 학생이었는데 방학 때 동생을 만나기만 하면 신학이 얼마나 고차원적이고 어려운 학문인지에 대해 밤을 새워 설명하곤 한다는 것이다. 지금은 집사님이 되어 열심히 교회에 다니지만 당시에는 무신론과 유물론에 심취했던 친구는 형의 설교를 듣는 일이 얼마나 지겨운지 우리에게 하소연하곤 했다.

"그니까, 없는 걸 있다고 하려니 얼마나 힘들겠어."

하소연을 듣던 한 친구의 농담에 모두 손뼉을 치며 웃었다. 종교를 폄훼하려는 농담이 아니다. 눈에 보이지 않는 것은 마음으로 느껴야 하는데 증명을 하려니 여간 어려운 일이 아니다.

우리 역시 상대가 없다고 여기는 것을 있다고 주장하기는 정말 힘들다. 불가능하다. 내가 아무리 감동적인 서비스를 제공하고 사은품을 듬뿍 안겨 주어도 그 사람은 내 서비스나 제품이 마음에 들지 않을 수 있다. 최선을 다해 도와준 고객이 나를 민원실에 신고한다면 믿기지 않겠지만 사람의 기준은 저마다 다르다. 내가 아무리 노력해도 마음에 들지 안 들지 결정할 권한은 내가 아니라 상대가 가진다. 바로 그 지점이 문제를 푸는 해결의 출발이다. 내가 아무리 자질이 충분하다고, 최선을 다했다고 주장해도 소용없는 일이다. 상대가 없다고 믿으면 없는 것이다.

누구나 완벽하지 않다. 이 점은 나뿐만 아니라 상대방 역시, 누구나 역시 그렇다는 점에서 평등하다. 우리 모두는 서로서로 마음에 안 드는 구석이 있는 것이 지극히 당연하다. 그렇지 않다면 서로 눈에 콩깍지가 덮인 연애 기간이거나 상대를 지나치게 이상화해서 보는 문제 있는 시각일지도 모른다. 서로가 마음에 들지 않는 것이 지극히 당연하다는 이 사실을 깊게 받아들인다면 상대가 나를 마음에 들어 하지 않을 때도 흔들리지 않고 의연하게 받아들일 수 있다.

온 집안을 휘어잡고 입맛까지 까다로운 홀시아버지 때문에 고통 받는 지인이 있었다. 돌아가신 시어머니 음식 솜씨가 워낙 뛰어나신 터라 만만찮은 살림꾼인 이 지인도 시아버지의 입맛을 만족시켜 드릴 수 없었는데 불같은 성격의 시아버지는 음식 타박을 대놓고 하셨다. 맏며느리인데도 따로 사는 것이 죄송스러워서 말대답 한 번 못한다는 그녀는 자주 며칠씩 머무시며 호통을 치시는 시아버지 때문에 심장이 덜덜 떨리는 지경이라고 하소연했다. 뭐가 제일 힘드냐는 나의 질문에 지인은 이렇게 대답했다.

"음식 준비요. 정말 최선을 다하지만 돌아오는 건 언제나 호통입니다. 주부로서 자존심도 상하고 무얼 장만해야 하나 걱정하는 것도 엄청난 스트레스죠. 오신다는 연락을 받으면 사흘 전부터 장을 보면서도 걱정에 잠을 이루지 못해요. 어떤 땐 시어머니가 원망스러워요. 왜 이렇게 까다로운 입맛을 만들어 두셨나 싶어서요. 이런 생각하면 안 되는데. 어머님은 아버님과는 달리 내게 참 따뜻한 분이셨거든요."

"언제면 어머니만한 음식 솜씨를 갖춰서 아버님 꾸중을 피할 수 있을까요?"

"그건 불가능하죠. 아무리 노력해도 그런 일은 없을 거예요."

"그런 솜씨의 어머니셨다면 아버님 입장에서 며느리가 음식을 못한다는 타박이 틀린 말은 아닌 거군요."

"네? 뭐, 그야 그렇죠. 하지만 그렇다고 그렇게 호통을……."

나까지 자기를 비난하는 건가 싶어 속상한 눈빛을 보내는 지인에게 나는 웃으며 말했다.

"제 말은 그러니까 어머니보다 음식 솜씨 없는 게 결코 자존심 상하거나 속상할 일이 아니라는 뜻이에요. 더구나 사별한 아내에 대한 그리움까지 더해진 맛을 무슨 수로 당하겠어요. 항복하는 게 낫지 않을까요?"

"항복이요?"

"네, 더 맛있게 요리하려는 노력을 그만두는 거지요. 그리고 이렇게 말씀드려 보세요. 아버님, 제 음식 솜씨가 형편없어서 죄송해요. 저는 죽었다 깨어나도 어머니처럼 하지 못할 거예요. 그래서 아버님이 오신다는 연락을 받으면 가슴이 두근거리고 잠이 안 와요. 제가 평생 이럴 것 같은데 어쩌면 좋죠? 이런 식이죠."

"어머, 그런 말을 해도 될까요? 어찌 들으면 아버님 오시는 거 괴로우니 오시지 말라는 말로 들리는데."

"하하, 그렇게 알아들으시면 고마운 거 아닌가요? 농담이에요. 하지만 뭐라고 하시겠어요? 웬 음식투정이시냐며 대들었다면 노발대발하시겠지만 본인이 부족해서 걱정이 된다는 데야."

"듣고 보니 그러네요. 왜 야단치느냐고 화내는 것도 아니고. 맞아요. 내가 무슨 수로 어머니만큼 음식을 잘해 내겠어요. 그리고 그 비위 다 맞추다간 우리 어머니처럼 암 걸릴지도 몰라요."

"네, 요점은 이거예요. 내가 노력하는 데도 왜 알아주지 않느냐고 원망하며 힘들어하는 대신, 맞습니다, 저는 정말 부족합니다. 그래서 너무 죄송하고 힘들어요."

마음 약한 지인도 마침내 그 말을 할 수 있었고 난데없는 이 전법에 놀란 시아버님이 그 뒤로 밥상에서 호통치는 일이 현저히 줄었으며 덤으로 오시는 빈도 또한 훨씬 줄어들었다고 한다. 물론 며느리의 고충을 제대로 알아들으신 아버님의 배려 덕분이지만 자신이 부족하다는 것을 인정한 지인의 마음이 그 출발이었다.

고객 역시 마찬가지다. 폭력을 행사한다면 법과 공권력의 도움을 받을 일이지만 그런 것이 아닌 한 고객이 하는 비난은 그냥 받으면 된다.

"이 바보 멍청이야."
"제가 부족한 면이 좀 있지요. 방금 제가 실수를 했나요?"

"당신은 고객 서비스하는 일이 맞지 않는 것 같아."

"아, 제 서비스가 부족하다고 느끼셨군요."

고객이 비난을 할 때 가져야 할 핵심 요소는 인정하기다. 인정하기는 고객의 말에 일말의 진실이 숨어 있다는 전제로부터 출발한다.

"너는 일을 못 한다."

"너는 바보 멍청이다."

"너는 싹수가 노랗다."

이런 말을 인정하기는 쉽지 않을지도 모른다. 하지만 혼자 있을 때 우리는 가끔 이렇게 생각하곤 한다.

"에그, 바보 같은 짓을 했네."

"너 정신 차려. 이러다 큰일 난다."

그 말이 그 말이다. 고객이 한 말과 내가 하는 말이 다르지 않다. 내게 그런 구석이 있음은 내가 더 잘 안다. 그것을 남 앞에서 인정한다고 해서 지구가 무너지지 않는다. "네, 저도 가끔 제가 바보 같다는 생각을 하기도 합니다." 이 정도 마음가짐이면 웬만한 말에 마음 상할 일이 없다.

의류 매장에서 판매원과 손님이 다투는 일을 가끔 본다. 환불을 요구하는 손님에게 판매원은 이렇게 말한다.

"고객님, 이 옷은 환불이 안 됩니다. 사 가신 지 일주일도 지났고 그동안 많이 입으셨네요. 여기 보풀까지 피어 있거든요. 이런 물건을 어떻게 팔란 말이에요?"

이렇게 되면 고객은 발끈한다.

"무슨 소리예요? 집에서 딱 한 번 입어 본 것뿐이거든요? 내가 설마 입던 옷 바꾸러 올 사람으로 보여요?"

"나 참, 여기 보풀 안 보이세요? 딱 봐도 대여섯 번은 입고 외출했네요, 뭐."

과연 이 고객이 '아이구, 죄송합니다, 속이려다 들통났네요. 도로 가져갈 게요.'라고 할까? 자신을 파렴치한 사람에다 거짓말쟁이로 모는 부분을 집요하게 물고 늘어질 확률이 더 크다. 애초의 논점과는 상관이 없는 판매원의 자질과 불친절을 문제 삼기 시작하면 고객은 만능 무기를 가진 것이나 다름없다. 내가 목격한 현장도 그런 식으로 흘러간 적이 많았다.

"죄송합니다만 옷이 사 가실 때와 상태가 달라서 환불이 어렵습니다."

"무슨 소리예요, 집에서 한 번 입어 본 것뿐인데."

"그러게 말입니다. 잠깐 입어도 이렇게 손상이 가는 예민한 재질이 있답니다. 속상해서 어쩌지요? 저희로서는 손상 간 물건을 다른 분들에게 판매할 수는 없거든요."

이런 응대라면 적어도 판매원의 자질을 문제 삼는 공격을 받지는 않을 것이다. 한 번밖에 입지 않았다는 말의 진위를 가리는 것이 꼭 필요한 일일까? 수사관도 아닌데 말이다. 몇 번이나 입고 나서 반품하는 얄미운 고객을 수없이 보았다 하더라도 지금 내 눈앞의 고객이 그런 의심을 받을 이유는 되지 않는다. 한 번밖에 입지 않았는데 반품할 수도 없게 된 고객의 처지를 안타깝게 여기고 속상한 마음을 알아 줄 때, 도와줄 수 있는 방법이 없을까 함께 고민해 주는 모습을 보일 때 오히려 소비자는 마음을 풀고 돌아설 가능성이 훨씬 높다. 문제가 해결되지 못해도 상대방이 자기의 마음을 알아만 주어도 누그러지는 경험들은 많이 했을 것이다.

비난의 진실

사람들의 모든 비난에는 일말의 진실이 있다. 적어도 그 사람의 입장에서는 내가 잘난 척하는 사람이거나 답답하거나 무능하거나 너무 나대거나 게으르거나 어리바리하거나 이기적이거나 냉정하거나 약아빠졌을 수 있다. 믿었던 사람이, 가까운 사람이 그런 비난을 한다면 몹시 듣기 거북하고 배신감도 느끼겠지만 시간을 두고 곰곰이 생각하면 대체로 내게 조금은 들어있는 요소가 맞다. 가까운 친구나 직장 동료 혹은 상사가 그런 말을 했다면 충격도 받고 속상하겠지만 아니라고 싸울 일은 아니다. 판단은 오로지 그의 몫이니까. 해명할 수는 있겠지만, 내가 왜 그런 사람이냐고 길길이 뛸 일은 아니다. 나도 인간인 이상 내 어딘가에 그런 부분이 분명 존재하니까.

그런 요소를 더 크게 보는 사람과 앞으로도 친구를 할지 말지는 서로가 받아들일 수 있는 정도의 차이에 달린 문제이지, 나를 엉뚱하게 비난한다고 화를 낼 필요는 없다. 그가 직장 상사라면 그런 측면을 어떻게 조절해서 직장생활을 편안하게 유지할지가 관건이다.

모든 부정적 평가의 원래 의미는 하나뿐이다. 자기 마음에 들지 않는다는 그것이다. 그 의미를 강조하느라 부모를 끌어다 욕하기도 하고 '너 사기꾼이지, 양심도 없이 이런 걸 파느냐'며 화를 내기도 하고, '물건을 팔아놓고 제대로 서비스도 안 해 주고 빈둥거린다'며 회사 월급 공짜로 타 먹는 게으름뱅이로 몰기도 한다.

사람들의 기준은 저마다 다르고 그 기준으로 볼 때 내가 마음에 들지 안 들지는 오직 그 사람이 정하는 것이므로 왜 마음에 들지 않는지 따지거나 화를 낼 이유가 없다. 나 역시 누군가는 마음에 들어 하고 누군가는 보기가 영 껄끄러워 힘들어하는 사람이니까.

인간은 다른 사람의 인정을 바라는 사회적 동물이다. 다른 사람의 시선과 평판은 사회를 제대로 유지하기 위한 제어 장치이기도 하다. 다른 사람의 좋은 평가는 내 인생을 잘 풀어 가는 데 분명 도움이 된다. 그러나 평가에 지나치게 연연하면 우리는 우리 자신으로 살기가 어려워진다. 남의 비판에 속상하지 않을 수는 없지만 비판에 보다 유연할 수 있다면 고객이든 동료든 혹은 친구나 가족과의 관계가 훨씬 수월할 것이다.

'네, 제게 그런 면이 있군요. 그게 당신 마음에 들지 않는 점이군요.' 하고 인정하고 나서야 그런 점을 고쳐 나갈지 그냥 그 마음만 접수하는 것으로 끝낼지 결정할 수 있다. 그럴 리가 없다고, 억울하다고, 당신 시각이 잘못됐다고 우겨 봐야 그 사람 마음속 잣대를 내 힘으로 바꿀 수는 없다.

"맞아, 내게 그런 면이 있어."

만약 이런 인정에도 불구하고 그의 지적하는 방식이 내 기준에 영 마음에 들지 않는다면 나 역시 그와 친구를 할 필요는 없다. 싸우거나 원망할 필요도 없다.

헬로우 마이 프렌드, 법!

하늘의 별은 가끔 올려 보는지? 별 하나쯤 내 별로 삼고 '저기 내 어린 왕자가 살고 있어.' 같은 말을 하면 곁에 있는 사람이 쯧쯧 혀를 차겠지만 돈도 들지 않는 영토 하나는 가지고 살 수 있다. 내가 발붙이고 사는 세상이 척박할수록 내게 위로가 되는 별 같은 존재가 필요하다.

강도 높은 감정 노동을 하는 사람일수록 내가 마지막에 선택할 수 있는 '나를 위한 보루'가 무엇인지 충분히 알고 있어야 한다. 내가 그 보루를 이용할 일이 없더라도 내가 기댈 곳이 거기에 있다는 사실만으로 충분히 위로가 되기 때문이다.

2018년 10월 18일을 기점으로 '산업안전보건법 감정 노동자 보호 조항'이 시행되었다. 오랜 산고 끝에 이루어진 결실이다. 그동안 감정 노동자들은 기업 대표도, 한국 경제의 책임자도, 정치를 휘두른 권력자도 아닌데 기업을 대신해 항의를 받고 한국경제와 세계 금융 시장을 대신해서 세상 살기 팍팍해진 사람들의 총알받이가 되어 왔다. 친절해야 할 의무가 있을 뿐 동등하게 시비를 가릴 법적 근거가 없었고 우리를 고용한 기업은 우리를 일선에 내보내 놓고 뒷짐만 졌다. 우리를 보호해야 할 법적 의무가 없었기 때문이다. 그들은 '고객은 언제나 옳다'는 미국 낙농업 회사의 캐치프레이즈 그대로 우리에게 모든 책임을 떠밀었다. 억울해서 마음에 병이 들어도 재해 보험 대상이 된 경우는 거의 없었다. 직장에서 다친 것은 분명하지만 다친 마음은 꺼내 보여 줄 수가 없었다. 감정 노동자 가운데 50%가 불면증, 우울증을 겪고 일반 노동자의 4배가 넘는 자살 충동을 느낀다는 연구 결과가 있을 정도였다.

법은 사회적 요구가 거절할 수 없을 만큼 무르익었을 때야 제정되는 속성이 있다. 법이 만들어졌다는 것은 그만큼 많은 감정 노동자들이 고통을 겪었다는 증거다. 또한 용기 있는 사람들이 불이익을 감수하고 싸운 결과이기도 하다.

법 조항이 제정되었다고 세상이 확연히 달라지지는 않는다. 그러나 세상이 바뀌는 가장 확실한 증거다. 관심을 가지고 우리 권리가 무엇인지 확실하게 알아 두자. 법정에 서라는 뜻이 아니라 든든한 친구로 삼으라는 말이다.

산업안전보건법

제26조의2(고객의 폭언 등으로 인한 건강장해 예방조치)

① 사업주는 주로 고객을 직접 대면하거나 「정보통신망 이용촉진 및 정보 보호 등에 관한 법률」에 따른 정보통신망을 통하여 상대하면서 상품을 판매하거나 서비스를 제공하는 업무에 종사하는 근로자(이하 "고객응대근로자"라 한다)에 대하여 고객의 폭언, 폭행 그 밖에 적정 범위를 벗어난 신체적·정신적 고통을 유발하는 행위(이하 "폭언 등"이라 한다)로 인한 건강장해를 예방하기 위하여 고용노동부령으로 정하는 바에 따라 필요한 조치를 하여야 한다.

② 사업주는 고객의 폭언 등으로 인하여 고객 응대 근로자에게 건강장해가 발생하거나 발생할 현저한 우려가 있는 경우에는 업무의 일시적 중단 또는 전환 등 대통령령으로 정하는 필요한 조치를 하여야 한다.

③ 고객응대근로자는 사업주에게 제2항에 따른 조치를 요구할 수 있고 사업주는 고객응대근로자의 요구를 이유로 해고, 그 밖에 불리한 처우를 하여서는 아니 된다.

감정 노동 기술

산업 안전법 감정노동자 보호 조항을 살펴보자. 이 법은 고객응대 근로자의 신체적·정신적 건강을 보호하기 위해 사업주가 조치해야 할 의무 사항을 주로 담고 있다. 즉, 앞으로는 사업주가 적극 나서서 고객의 갑질로부터 근로자를 보호해야 한다는 의미다. 사업주의 의무를 요약하면 다음과 같다. 먼저 예방을 위한 조치를 살펴보자.

1. 사업주는 고객의 폭언과 폭행으로 인한 건강장해 예방을 위해 근로자에게 폭언, 폭행 등을 하지 말라는 문구를 사업장에 게시하거나 음성으로 안내해야 한다.
2. 고객 응대 업무 매뉴얼을 마련해야 한다.
3. 관련된 내용의 교육을 하는 등 예방 조치를 해야 한다.
4. 적절한 휴게 공간 제공 등의 직무 스트레스 감소 방안을 마련해야 한다.

산업안전보건법 시행령

제25조의7(고객의 폭언 등으로 인한 건강장해 발생 등에 대한 조치) 법 제26조의2제2항에서 "업무의 일시적 중단 또는 전환 등 대통령령으로 정하는 필요한 조치"란 다음 각의 조치 중 필요한 조치를 말한다.

1. 업무의 일시적 중단 또는 전환
2. 「근로기준법」 제54조제1항에 따른 휴게 시간의 연장
3. 법 제26조의2제1항에 따른 폭언 등으로 인한 건강장해 관련 치료 및 상담 지원
4. 관할 수사기관 또는 법원에 증거물·증거서류를 제출하는 등 법제26조의2제1항에 따른 고객응대근로자 등이 같은 항에 따른 폭언 등으로 인하여 고소, 고발 또는 손해배상 청구 등을 하는 데 필요한 지원

다음으로는 고객의 폭언 등으로 인해 근로자에게 건강상의 문제가 생기거나 생길 확률이 높아질 경우, 즉 피해 상황이 발생했거나 발생할 가능성이 커졌을 때 필요한 조치는 이렇게 규정했다.

1. 근로자를 위험한 장소로부터 바로 벗어날 수 있도록 업무를 일시적으로 중단하거나 휴게 시간 연장 등으로 휴식을 부여해야 한다.
2. 또한 필요한 경우에는 치료와 상담을 지원해야 한다.
3. 피해를 받은 피해자가 고객에게 법률적 책임을 묻고자 할 때 사업주는 CCTV 자료 및 증거 자료 제출 등 고소, 고발, 손해 배상 청구에 필요한 지원과 조치를 취해야 한다. 만약 이러한 보호 조치를 하지 않을 경우에는 횟수에 따라 최대 1000만 원의 과태료가 부과된다.
4. 근로자가 위와 같은 조치를 요구했을 때 사업주가 이를 빌미로 근로자에게 불리한 처우를 하면 안 된다. 위반하는 사업주는 1년 이하의 징역이나 1000만 원 이하의 벌금형에 처한다.

한마디로 사업주는 더 이상 갑질 고객의 횡포에 근로자가 일방적으로 당하도록 내버려 두어서는 안 된다는 취지다. 사업주는 '감정 노동자를 보호하는 예방 조치 시행, 공격적인 고객에게 대응하는 구체적인 매뉴얼 마련, 감정 노동의 고통을 완화할 수 있는 휴식 제공, 근로자가 피해를 준 고객에게 법적 대응 시 지원'을 해야 한다.

현재 예방을 위한 조치로 감정 노동자에게 폭언과 폭행을 하지 말라는 문구 게시나 음성 안내는 전국적으로 시행되고 있다, 이런 안

내로 진상 고객 모두를 막을 수는 없지만 중요한 의미가 있다. 감정 노동자에게 함부로 하는 것이 명백히 범법 행위라는 사회적 인식의 출발이라는 점이다. 한 사회의 발전은 약자를 보호하는 법과 제도가 얼마나 제대로 기능하는가로 측정할 수 있다. 우리나라도 어린이 보호법이 제대로 작동하지 않았을 때 부모나 교사가 교육을 빌미로 가혹한 체벌을 하는 것에 대한 사회적 인식이 상당히 허술했다. 법과 사회적 인식은 서로 영향을 주고받으며 발전하게 된다. 감정 노동자에 대한 예의가 정착되려면 바로 이런 인식이 그 시작이다.

또 다른 예방 조치로 고객의 공격에 대한 대응 매뉴얼 마련과 적절한 휴식 제공을 법적으로 의무화했다. 사실 법이 아니더라도 이 같은 정책은 업무효율을 높이고 이직률을 줄인다는 연구가 많다. 다산 콜센터의 경우 2012년부터 욕하는 고객 전화는 응대를 거부하도록 매뉴얼을 만들고 언어폭력을 일으킨 고객을 적극적으로 고발 조치한 이후 이런 진상 고객이 현저히 줄었을 뿐 아니라 직원들의 만족도가 눈에 띄게 향상되었다. 이익을 목적으로 하지 않는 공공 기관이라 가능한 걸까? 이런 제도를 도입한 기업들에서도 마찬가지 결과가 나왔다. 당장의 비용보다는 직원들의 만족도와 업무 효율이 장기적으로는 더 큰 기업 이익이다.

휴식 제공은 감정 노동의 특성으로 인해 무엇보다 중요하다. 특히 방금 진상 고객으로부터 심각한 언어적·신체적 위해를 당한 사람에게 현장에서 계속 상냥한 서비스를 제공하라는 것은 고문에 가깝다. 시행령은 더 이상 이런 경우를 허용하지 않고 있다.

또한 근로자의 신체적 위해만이 아니라 정신적인 외상에 관해서도 사업주가 상담 치료와 같은 지원책임이 있다고 못 박았다. 피해 근로자가 고객에게 책임을 묻고자 할 때도 고용주는 증거 확보를 위한 지원 등 적극적인 역할을 해야 한다. 고용주가 이상과 같은 책임을 지지 않으면 최대 1000만 원의 과태료를 물어야 하고, 자신의 권리를 찾고자 하는 요구를 빌미로 근로자에게 불이익을 준다면 1년 이하의 징역이나 1000만 원 이하의 벌금형에 처할 수 있다.

물론 한계도 많다. 문제가 발생했을 때 근로자의 요청에만 맡겨 둘 경우 과연 근로자가 이 제도를 쉽게 활용할 수 있을지 의문이다. 피해 근로자가 피해 사실을 사업주에게 알리고 보호받는 프로세스가 법령에 구체화되어 있지 않기 때문이다. 피해 발생 시 사업주에게 업무 중단을 요구할 수 있는 권리를 개인 근로자의 용기에만 맡겨 둔다면 현실성이 있을까? 문제 직원으로 낙인 찍히기를 감수하기는 쉽지 않은 일이다. 1000만 원의 벌금이라는 제재 수단 또한 근로자 입장에서는 강력한 제동 장치로 다가오지 않는다.

강제적이고 구체적인 예방 조치가 별로 없는 것도 문제다. 법령의 사각지대인 사업장도 많을 것이다. 하청업체 근로자에 대한 원청업체의 책임도 명확히 제시되어 있지 않다. 그러나 논의 10년 만에 얻은 소중한 법령이다. 무엇보다 감정 노동의 고통이 법으로 보호받아야 한다는 관점, 감정 노동자를 함부로 대하는 것이 범죄 행위라는 사회적 합의가 공고해졌다.

감정 노동 보호를 위한

산업안전보건법 시행령이 성공하려면

이 시행령이 성공적으로 안착해 사회적 이익을 성장시키려면 무엇이 전제되어야 할까? 감정 노동자 개인에 맡겨서는 곤란하다. 직장에서 문제를 제기하여 자기 이익을 챙기는 일은 근로자에게 많은 용기를 요구하고 고통을 수반한다. 이 시행령이 주로 고용주인 기업 측의 노력을 촉구하고 있는 만큼 기업의 적극적인 자세가 요체다. 기업의 노력은 궁극적으로 기업에게도 큰 이익으로 돌아온다.

기업이 감정 노동자가 처한 인권 현실을 소홀히 다루면 근로자의 결근, 근무지 이탈, 이직으로 이어져 장기적으로는 다시 기업의 부담으로 다가오게 된다. 직원들에게 가혹한 기업이라는 사실이 알려지면 기업의 이미지가 손상되고 사회적 문제로 부각되면서 해당 기업의 제품과 서비스에 대한 불매 운동으로 이어질 수도 있다.

오너 가족의 갑질로 유명한 대한항공의 경우 대한민국 최초로 2019년 3월 주주총회에서 오너가 대표이사직을 잃는 일이 발생했다. 이제 우리 사회도 근로자에 대한 책임과 배려를 기업의 중요한 의무로 인식하기 시작했다는 증거다.

기업이 감정 노동자들의 스트레스를 완화하기 위해서는 어떤 노력이 필요할까? 우선은 사업주가 감정 노동 종사자의 정신적 · 신체적 건강 보호의 필요성을 이해하고 적극적인 관심을 갖는 것이다. 고객에 대한 무조건적 친절에 앞서 직원을 보호하는 것이 더 중요하다고 인식하는 것이 그 출발이다.

부당한 요구를 하는 고객을 통제할 수 있다는 것을 사전에 고객에게 알려 무리한 요구를 하지 않도록 예방하는 것이 중요하다. 고객이 무리한 요구나 욕설을 하면 직원이 먼저 전화를 종료할 수 있고, 폭력이나 성희롱을 행사할 경우 법적인 문제가 될 수 있음을 사전에 알려야 한다. 관할 지역 내 경찰서와 함께 감정 노동 종사자를 보호하고 있음을 공지하거나 문제 고객의 출입 제한 안내문을 게시할 경우 더 좋은 효과를 얻을 수 있다.

고객의 비이성적인 행위에 즉각적으로 대응하거나 대처하여 고객이 과잉 행동에 이르지 않도록 업무 담당자에게 공식적인 재량권을 부여해 주는 것도 효율적인 방법이다. 고객의 부당한 요구와 폭행 등에 대해 감정 노동 종사자가 스스로 대처하고 자기를 보호할 수 있는 권한을 주는 것이다.

감정 노동을 완화할 직장 문화를 조성하는 노력도 필요하다. 고객으로부터 부당한 대우를 받고 이를 회사에 알렸음에도 오히려 회사로부터 고객에게 사과하라는 지시를 듣거나 인사상 불이익을 받는 일이 생기지 않아야 한다. 매뉴얼에 따라 상대한 노동자에게 해고, 징계 등의 불이익 처분을 하게 되면 이제 엄연한 위법 행위다. 법적 문제를 떠나 근로자의 불안감을 높이는 이런 방식은 조직 내에 부정적 감정을 확산시키고 생산성을 떨어뜨리는 요인이다.

직장 내에 지원 체계를 마련하는 일도 중요하다. 문제가 발생했을 때 상사와 동료의 지지는 큰 자원이다. 직원의 감정을 이해하고 적절한 조치로 문제를 해결하고 도와주는 제도와 절차가 있다는 믿음은 근로자들에게 힘이 된다. 더불어 인간적이고 유연한 직장 분위기를 조성하여 활발한 의사소통이 가능하도록 한다면 직원들의 업무 효율은 상당히 제고될 것이다. 그러기 위해서는 미스터리 쇼퍼, 미스터리 콜 같은 노동자 업무 모니터링을 자제하고 노동자가 힘들 때 비밀을 보장받은 채 이야기할 수 있는 의사소통 창구를 마련해야 한다. 감정을 표현하거나 위로받을 수 있는 심리 상담실이나 건강 관리실을 마련하는 것도 효율적이다.

노동자들이 정신적 스트레스를 해소하고 신체적 피로를 감소시킬 수 있도록 휴식 시간을 제공하고, 적정한 휴게 시설을 마련하는 것은 이제 기업의 의무 사항이다. 물론 이런 조치는 다 돈이 드는 일이다. 그러나 근로자들의 정신적 안정이 곧 기업의 자산임을 이해해야 한다. 기업은 매년 건강검진을 통해 근로자들의 신체 건강에 신경 쓰듯이 이제는 감정 노동에 시달리는 근로자들의 심리 건강의 진단과 평가, 회복도 돌보아야 할 때다. 최근 다양한 치유 프로그램과 예방 프로그램을 운영하는 기업이 점점 늘어 간다는 것은 반가운 현상이다.

　선진국의 사례를 벤치마킹한 EAPEmployee Assistance Program, 노동자 지원 프로그램를 보다 적극적으로 운영하는 것도 방법이다. EAP는 1930년대 미국 대공황기에 근로자들의 음주 문제를 해결하기 위해 시작되었지만 점차 정신 건강, 가족 문제. 직장 폭력 등 기업의 생산성에 영향을 미칠 수 있는 다양한 요인으로 확산되어 왔고 상담, 컨설팅, 코칭 서비스를 활용한 종합 복지 후생 제도로 발전했다. 우리나라에서는 근로복지법 제83조에서 모든 기업이 이 프로그램을 실시하도록 권장하고 있다. 대기업의 경우 본사에 EAP 상담 센터를 두고 심리 검사와 상담, 각종 교육과 워크숍을 실시하고 있으며 300인 미만의 중소기업의 경우는 근로복지넷www.workdream.net을 통한 상담 신청이 가능하다. 법적 구속력이 없는 권장 사항에 불과해 이제까지 다소 형식적 운영에 그쳤다면 지금이야말로 내실 있게 운영해야 할 때다.

　기업이 나를 지지해 주고 믿어 주는 것만큼 감정 노동자의 상처가 치유되는 일이 있을까? 아무리 힘든 진상 고객을 만나도 전투력이 불끈 샘솟고 자존감은 상승할 것이다. 이것은 다시 기업의 이익으로 귀결된다. 아름다운 선순환이다.

너 죽을래?

법이 만들어져도 법망을 피해 가는 파렴치한이 늘어나기 마련이다. 법이 있거나 말거나 '설마 약자인 네가 법대로 하겠어? 내가 누군데?' 하며 코웃음 치는 강심장도 수두룩하다. 이런 고객들은 어떻게 해야 할까? 어떤 말로 이들을 제압해야 할까? 법조차 지키지 않는 사람들을 어떻게 선도할까? 이들에게 따끔한 맛을 보여 주고 똑바로 살게 하려면 내가 좀 고달프더라도 법을 어기면 어떻게 되는지 반드시 알게 해 주어야 할까? 그러라고 생긴 법이 아닌가?

'법을 친구 삼으라고 했는데……. 그래, 이제 그동안 우리를 무시하고 갑질을 일삼은 이들을 응징하는데 내 인생을 걸어 보자.' 이런 결심까지는 아니더라도 때로는 무슨 일을 해서라도 상대를 벌주고 싶은 마음이 솟구칠 때가 있다. 그만큼 상대에 대한 분노와 원한 때문에 내가 원하는 것은 오로지 '응징'뿐이라는 생각이 들 때가 있다.

무슨 소원이든지 들어 주는 요정이 나타나 물었다.

"뭐든 소원을 말해 보세요. 다 들어 드릴게요. 단 그 소원은 당신의 원수에게 두 배로 이루어집니다."

당신은 어떤 선택을 하고 싶은가? 이야기의 주인공은 불행한 선택을 했다. 원수가 너무 미웠기 때문이다.

"내 한쪽 눈을 없애 주세요."

그는 장님이 된 원수를 한쪽 눈으로 바라보며 행복하게 살았다고 한다. 으스스한 이야기다.

세상을 바로잡기 위해 혹은 상대방의 죄악을 응징하기 위해 내리는 모든 결정은 대체로 우리 몸과 마음을 아프게 한다. 세상을 구하기 전에 상대를 쓰러뜨리기 전에 우리가 먼저 쓰러진다.

고객이 당신을 법의 테두리를 넘어 모욕한다면 이제 둘 중 하나를 정하면 된다. 법대로 할지, 아니면 조금 더 관찰하면서 응대할지 그 기준은 순전히 당신 몫이다. 누구의 눈치를 볼 것도 없다. 하고 싶은 대로 하면 된다. 타인의 판단은 별로 중요하지 않다. 당신의 능력과 한계 내에서 결정하면 된다. 만일 당신이 그를 한 인간으로 바라보고 연민의 마음이 생긴다면 그의 마음의 병에 심심한 유감의 뜻을 담아 바라봐 줄 수 있다. 그가 소리를 지르면 흥분하지 않고 매뉴얼대로 잘 응대하면 된다. 법의 판단에 맡겨야겠다고 결정을 내렸다면 그 역시 옳은 결정이다. 법의 테두리 안에서 내리는 당신의 판단을 누구도 비난하거나 나무랄 수 없다. 당신 안에서 일어난 상처는 그 누구의 것도 아닌 당신의 것이기 때문에 누구도 그 크기를 재거나 섣불리 판단할 자격이 없다.

당신이 정신적 상해를 입어 소송으로 가게 되고 심리 치료를 받게 된다면 상담자는 내담자인 당신에게 이렇게 질문할 것이다.

"이 치료를 통해 치유가 일어나서 덜 힘들어지고 정신적 외상이 회복된다면 재판에서 불리할 수 있습니다. 그래도 진행하겠습니까?"

여기서 가해자를 골로 보내고 싶어서 자신을 더 힘들게 하는 선택을 하고 싶을지도 모른다. 교통사고가 난 뒤 가해자 측의 과실을 더 드러나게 하기 위해 치료를 성실하게 받지 않는 것과 비슷한 경우다.

이 시점에서 가장 먼저 생각해야 할 것은 무엇일까? 그 모든 것보다 우선되어야 할 것은 당신 건강이다. 법원 배상금이나 위자료보다 상대에게 내려질 처벌보다 당신 정신건강이 먼저다. 그놈 고생시키려다가 당신이 피멍 든다. 고소도 고발도 건강해야 잘 싸운다.

선택의 기준은 당신이 상처받지 않는 것이다. 법을 선택하든 안 하든 어떤 선택도 옳고 용기 있는 결정이다. 어떤 선택을 하든 상처받지 않는 방식으로 살아야 한다. 직장에 와서 정신적 외상을 안고 집에 갈 수는 없지 않은가?

가해자를 응징하고 싶은가? 응징의 진정한 결론은 당신이 건강한 모습으로 사는 것이다. 그가 욕을 하든, 명예훼손을 하든, 모욕을 하든 당신이 깊은 내상을 입는 일은 없어야 한다. 고객의 말을 심장에 새기는 대신 내 편인 가족과 친구들의 얼굴을 떠올려 위로받는 편이 낫다. 그들이라면 영락없이 지금 이 고객을 육두문자와 최근 유행하는 핫한 용어를 써 가면서 욕해 줄 것이다. 그 욕이 재미있어서 당신은 시름을 잊고 웃을 것이다. 그러면서 세상은 살 만하며 나도 나를 사랑하는 이들에게 똑같이 든든한 사람이 되고자 마음먹는다. 이게 승리다. 이게 바로 진정한 승리이자 복수다.

3부

싸움의 기술 - 둘

욕은 일상의 양념 같은 것?

"대형 마트 시식 코너에서 일하는 사람입니다. 아이들을 키워 놓고 재취업한 지 얼마 되지 않았는데요. 처음엔 취업을 한 게 신나기도 하고 힘든 만큼 보람도 있었습니다. 친절하게 하느라 최선을 다했습니다. 그런데 얼마 전에 손님으로부터 느닷없이 욕을 먹고는 회사를 그만두어야 하나 심각하게 고민하고 있습니다. 욕도 그냥 욕이 아닙니다. 평생 들어 본 적도 없는 상욕을. 여기가 음식점도 아닌데 맛이 없다고 욕을 하다니 말이 되나요? 맛없으면 안 사면 되지, 그러라고 시식 코너가 있는 건데 참 기가 막힙니다. 그 순간 얼마나 부들부들 떨리고 화가 나던지요. 또 이런 일이 있을까 봐 너무 불안하고 두려워요. 그날 이후 누가 시식하면서 찡그리기만 해도 갑자기 심장이 쿵 하고 떨어져요. 게다가 자기가 욕을 해 놓고는 불친절 사원이라고 고객 센터에 신고를 한 거예요. 제가 화를 내며 째려봤다나요? 알고 보니 이런 일이 드물지도 않다고 하네요. 내세울 건 없지만 남 못지않게 열심히 살

알았는데 이 나이에 욕까지 먹으면서 살아가야 한다면 도대체 내 인생은 뭘까요?"

진상 고객의 끝판왕은 욕하는 데 있다. 때리는 것은 오히려 낫다. 법에 호소할 근거가 명확하니까. 심한 욕은 우리 폐와 심장을 오그라들게 한다. 당사자는 말할 것도 없고 옆에서 함께 듣는 것만으로도 힘이 든다. 욕은 폭력이다. 장애인과 여성을 비하하고, 노인과 사회적 약자를 비하하고, 성적인 표현이 주를 이루며 수치심을 불러일으킨다.

고객이 욕을 하면 놀랍고 두렵고 부끄럽다. 온갖 생각이 다 든다. 아마 고객이 당신에게 욕을 하고 있다면 너는 능력이 없는 바보이고, 네 인생이 불쌍하고, 앞으로 살아갈 불행한 인생이 눈에 훤히 보인다는 뜻의 비아냥을 담고 있을 것이다. 심한 고객이라면 부모의 성적인 부분을, 그것도 1차 성징(원래 욕이라는 것이 반은 부모, 특히 모친의 성기를 주제로 이루어지는 표현이었다.)을 들먹일 것이다. 욕이란 그런 것이다. 욕은 하는 사람의 인격 수준에 따라 '헉'에서 그치지 않고, 정신이 아찔해지고 숨이 턱 막히는 지경에 이른다. 그러나 직장에서 갑질하는 진상 고객을 무시로 만나는 일을 하고 있다면 심호흡을 한번 하고 욕을 조금 더 폭넓고 새로운 관점으로 바라볼 필요가 있다.

작가 송상호는 〈욕도 못하는 세상 무슨 재민겨〉에서 욕을 탐색하며 이렇게 주장한다.

"욕은 가치중립적이다. 욕은 나쁜 것만도 아니고 좋은 것이라고 말할 수 없는 동전의 양면 같은 것이다. 욕이 나쁘다고 말하는 사람의 이면에는 성공 지향적인 사고가 있으며 말 잘 듣고 욕 안 하는 사람을 만들어 보겠다는 힘의 논리를 말하는 것이고, 욕이 좋다고 말하는 측은 부당한 권위와 권력에 정당하게 맞서지 못하고 욕이나 하면서 스스로 위로하는 열등감과 피해 의식이 있다."

욕의 표현에만 매달리지 말고 욕에 대한 자신의 태도에서 내면의 약점을 탐색해 보라는 의미다.

〈욕〉이라는 제목의 책을 써서 욕을 다각도로 분석한 욕 전문가 김열규 교수도 욕에 긍정적 의미를 부여하며 욕의 필요성을 역설한다.

"욕은 물론 병든 말이고 싸움질과 악다구니, 아가리질과 비아냥거림이 단골로 쓰이지만 익살, 장난질에서 거나한 웃음판을 일구고, 감탄사가 되기도 하고, 맑은 하늘에 날벼락처럼 사람의 간담이나 정수리를 후려치거나 의리나 이치를 깨우치는 속담과 연합 전선을 펴서 세상의 스승 노릇을 해 왔다."

욕이 사회악이기도 하고 한편으로는 덕담이기도 하다는 것이다. 하기야 욕으로 돈 잘 버는 식당 할머니도 있고, 덕이 높은 스님들의 설법에 욕이 쓰이기도 한다. 물론 듣는 이가 속이 시원한 욕이란 해학과 풍자를 뜻하는 것이지, 우리가 진상 고객에게 듣는 그런 욕은 아니다.

마지막으로 고 신영복 선생이 욕에 대해 이렇게 깔끔하게 정리

했다.

"버섯이 곱다 한들 화분에 떠서 기르지 않듯, 욕설이 아무리 뛰어
난 예능을 담고 있다 한들 그것은 응달의 산물이며 불행의 언어가 아
닐 수 없다."

욕에 대한 견해들을 이렇게 장황하게 소개하는 이유는 욕에 대해
우리가 가져왔던 생각을 좀 더 확장하기를 바라서다. 욕을 객관화해
한 걸음 물러서서 보자는 의도다. 사실 욕은 그저 욕일 뿐이다. 우리
도 가끔 속이 답답할 때 혼자 말이라도 욕 한마디 뱉고 나면 속이 후
련해질 때가 있다. 청소년들은 대화를 반 이상 욕으로 하는 것이 아
닌가 싶을 정도로 욕을 많이 쓴다.

이처럼 욕은 겉으로 드러나는 직접적 의미와는 달리 쓰는 사람
의 내면을 표현하는 하나의 방법이다. 욕이라는 사실 자체에 너무 무
게를 두거나 겁을 먹거나 놀라거나 할 이유가 없다는 뜻이다. 아기는
옹알이를 하고 스님은 경을 읽고 신부님, 목사님은 기도를 한다. 우아
한 사람은 따지고 화낼 때도 점잖은 표현을 쓰고 거친 사람은 조금만
화가 나도 상스러운 욕을 하지만 표현의 도구라는 점에서는 같다. 같
은 욕을 두고도 견해가 다양하듯이 우리도 욕에 대해 이제와는 다른
시각으로도 살펴보는 아량을 발휘해 보자.

욕은 홍콩영화처럼

한때 홍콩영화가 전성기를 누리던 시절이 있었다. 지금은 할리우드 액션과 한국 조폭 영화가 더 인기를 누리지만 아직도 옛날 홍콩 액션 특유의 비장미를 그리워하는 사람이 많다. 슬픈 중국 배경음악, 슬로모션으로 돌아가는 액션 동작, 피범벅된 슬픈 표정의 주인공 얼굴은 잊지 못할 정점이다. 숨막히는 장면에 감정 이입이 저절로 되어 호흡까지 멈춘다. 마침내 주인공이 마지막 손짓을 허공에 남기고 쓰러진다. 슬프다. 하지만 다행인 것은 주인공이 실제로 죽지는 않는다는 사실이다. 그래서 주인공을 죽인 배우를 원수로 삼지도 않는다. 상처도 받지 않는다. 어디까지나 감상자로 남기 때문이다. 우리가 거친 욕을 듣는 자세가 바로 이래야 한다. 그 욕을 형성하는 단어의 기발함과 표현의 기가 막힘을 들여다보기만 하는 것이다. 마치 수리 기사가 망가진 TV 피시판을 들여다보듯이 그냥 보는 것이다.

처음엔 조금 어렵다. 상대가 하는 욕에 감정을 싣기 때문이다. 욕은 그냥 욕의 표현으로 듣는 연습을 꾸준히 해 보자. 천천히 돌아가는 홍콩영화를 보듯이. 욕을 계속 듣고 있으라는 말이 아니다. 매뉴얼에 있는 대로 경고를 하고 조치를 취하되 욕의 표현에 마음을 두지 말라는 말이다. 욕을 새겨듣고 상처받지 말라는 뜻이다. 욕이란 유사 이래 존재해 온 표현 방식이다. 아무리 계몽을 해도, 세상에 종말이 와도 욕은 사라지지 않을 것이다.

내게 하는 욕이 아닌데도 누가 욕하는 소리만 들어도 가슴이 쿵쾅거리는 새 가슴의 소유자들에게 개인적인 경험을 한 가지 알려 주고 싶다. 인터넷에서 유명세를 타고 있는 〈세이노의 가르침〉에서 욕 편을 한번 읽어 보라고 권하고 싶다. 중간에 구토 증세로 끝까지 읽지 못하고 내게 약값을 청구하고 싶더라도 화장실에 다녀와 끝까지 한번 읽어 보기를 바란다. 저자가 구사하는 욕을 다 읽고 나면 이 세상에 돌아다니는 웬만한 욕은 퍽 얌전한 수준으로 느껴질 것이다.

저자는 상상 초월의 모진 욕을 수능 공부하듯 연마하여 공중도덕을 어기는 얌체들이나 공공의 적들에게 한 바가지씩 선사한다고 한다. 아마 어지간한 간덩이로는 너무나 높은 수위의 욕에 혼이 나가 감히 대들지 못할 것이라 짐작된다. 심지어 더 심한 욕은 따로 개인 교습으로 가르쳐 주겠다고도 하니 욕의 고수임에 틀림없다.

극심한 구토를 참고 이 내용을 다 읽고 난 이후 나는 누가 욕을 하면 겁을 먹고 움츠리는 대신, 속으로 그 사람의 욕 수준에 등급을 매겨 보는 여유를 갖게 되었다.

느그 아부지 뭐하시노?

"나는 AS센터에서 상담원으로 근무합니다. AS 결과가 만족스럽지 않거나 기한이 지나 무료서비스를 못 받는 경우 혹은 수리비가 생각보다 많이 나온 경우 고객들은 화가 나서 따지죠. 나도 다른 데서는 소비자이기 때문에 그 심정을 이해하지만 정말 도가 지나친 사람이 많아요. 그냥 회사 방침을 설명한 것뿐인데 마치 내가 사기라도 친 사람인 양 인신공격을 하고 심지어는 네 부모는 뭐하는 인간이냐며 부모님 욕까지 합니다. 참, 어이가 없습니다. 공부 좀 열심히 해서 번듯한 직장에 다닐 걸. 이런 직장에 다니니까 부모님까지 욕먹게 하는구나 싶어 울컥하게 되죠. 내 욕하는 거야 그렇다 쳐도 부모님을 모욕하는 말까지 참고 살아야 하나. 너무 서글픕니다."

포털 사이트에 넘쳐나는 감정 노동자들의 대표적인 애환이다. 꼭 싸움을 거는 고객들이 있다. 매뉴얼대로 응대해도 자기 식으로 적대적으로 해석해서 공격적으로 나오는 데는 장사가 없다. 대표적인 예가 보지도 않은 우리 부모를 욕하는 경우다. 욕 중에 제일 큰 욕은 부모 욕이다.

고객이 아니더라도 우리는 누군가 가족을 욕하는 말을 하면 그 어떤 순간보다도 더 큰 모욕감을 느낀다. 드라마나 영화에서도 가족이나 연인을 욕하거나 공격하면 주인공들은 순간 자제력을 잃고 일을 완전히 망쳐 버리거나 혹은 온 힘을 다해 상황을 역전시켜 적을 때려 눕힌다. 우리는 대개 자기 자신보다 부모 형제를 건드리는 것에 더 부서지는 듯한 고통을 느끼기 때문이다. 부부 문제나 시어머니 문제로 상담한 사람들의 반응 역시 마찬가지였다. 가장 모욕적이면서 매머드 급으로 상처를 받았다는 상대의 말은 자신의 친정 식구를 욕하거나 '네 부모가 그 모양이니 너도 그렇다' 같은 말이었다. 남성들 또한 마찬가지다. 자기 부모를 욕하고 모욕하는 아내에게 깊이 상처받는다. 고객이나 상사의 비난 가운데 가장 참기 힘든 모욕 역시 부모나 가족을 빗대어 욕할 때라고 한다.

"느그 아부지 뭐하시노?"

영화 〈친구〉에서 배우 김광규는 70년대 남자 고등학교에 꼭 한두 명 있을 법한 꼰대 교사의 이미지를 완벽 재현하며 이 명대사 한마디를 날려 일약 명품 조연의 반열에 오르게 된다. 주인공 유오성은 증오로 이글거리는 눈빛으로 다음과 같이 울부짖고 학교를 나가 버린다.

"건달입니더!!!"

예전에 근무하던 잡지사에서도 같은 일이 있었다. 성격 좀 있으셨던 편집장과 갓 입사한 괄괄한 신입 기자가 작은 일로도 자주 긴장 분위기를 연출하더니 어느 날은 무슨 일인지 소리가 좀 커졌다. 이윽고 어마어마한 사건이 터지고 말았는데 신입 사원이 감히 편집장의 책상을 발로 걸어차 버린 것이다. 사건 발단의 한마디는 이랬다.

"아버지 없이 자란 티가 역력하구만."

상담 교사로서 학교에서 목격한 사건 역시 비슷했다. 나이 지긋한 생활 지도부 선생님이 문제를 일으킨 학생에게 화를 내며 한마디했다.

"니 애비가 그렇게 가르쳤어?"

학교를 안 나오는 날이 나오는 날보다 많던 남학생은 순간 눈에서 초강력 울트라 레이저라 부를 만한 시퍼런 눈빛을 내쏘며 이를 꽉 깨문 목소리로 이렇게 대답했다.

"아버지 없는데요."

그들도 가족이 있고 부모님이 계실 텐데 무슨 마음으로 남들이 듣기 힘들어하는 이런 말들을 그리도 쉽게 뱉는 걸까? 이런 말을 듣고도 무조건 참는다면 부모님께 죄송한 일이고 우리 자신은 너무 비겁한 사람이 되는 건 아닐까? 우리가 살아가면서 부모를 욕되게 할 수는 없는 것 아닌가? 부모의 명예를 지키는 것, 이 또한 우리가 자식으로서 해야 할 도리일 것이다.

먼저 한 가지 질문을 해 보겠다. 여러분은 가정교육을 제대로 받았는가? 나부터 대답을 해 보겠다. 나는 가정교육을 제대로 받은 줄 알았다. 아버지가 나를 기꺼워하셨고, 어머니가 나를 마음에 드는 딸이라고 하셔서 나는 그런 줄만 알았다. 누가 나에게 가정교육을 제대로 받았냐고 물으면 그렇다고 말할 수 있었다. 아주 아주 한참 전까지는. 그럼 지금 그런 말을 나한테 묻는다면? 자신이 없다.

가정교육이란 가정마다 기준이 다르고, 게다가 나는 부모님의 가르침을 시대에 뒤떨어진다며 귀담아듣지도 않았다. 부모님이 뭐라고 하시면 속으로 '됐거든요?' 하면서 무시하곤 했다. 가정교육을 제대로 안 받은 것이 맞다. 그러니 누군가 내게 가정교육을 제대로 못 받았다고 말한다 해도 그것은 어느 정도 맞는 말이다.

내 부모님의 명예

누군가에게 일부러 상처 주고 원수가 되려고 작정하지 않는 이상 가족을 거론하며 모욕하는 말은 삼가는 것이 옳겠지만 바람처럼 왔다 가는 우리의 숱한 고객들이나, 자기 발로 내 주위를 오가는 그 모든 사람들에게 이런 사실을 미리 공표해 둘 수는 없다. 부모를 끌어들여 욕하기에 어울리지 않을 나이가 될 때까지 이런 말을 한 번도 듣지 않았다면 좋은 사람들만 곁에 둔 행운아이거나 남다른 인품의 소유자일 것이다. 이런 말로 남에게 상처 주기를 주저하지 않는 사람들이 아직도 세상에 많으니까.

가정교육이라는 말이 사람 됨됨이가 제대로 되었느냐를 묻는 표현이긴 하지만, 여기서 가정교육이라는 말은 가정에서 교육을 제대로 받았느냐 안 받았느냐는 질문이 아니다. 고객이 보기에 내가 마음에 들지 않는다는 말일 뿐이다. 마음에 안 드는 강도가 좀 높아서 정신 똑바로 차리고 내 말을 주목해서 제대로 알아들어야 한다는 소리다. 사실 그 사람이 우리 부모님을 만난 적도 없지 않은가?

영화 〈친구〉에서 선생님이 "느그 아부지 뭐하시노?" 하고 일갈하는 이유도 "네 아버지는 조직 폭력배로 이런 저런 잘못을 저지른 파렴치한이니 이번 네 행동은 너의 아버지와 공동 책임이다. 너는 대대로 뿌리부터 가망 없는 종자다."라고 말하려던 것은 아니었을 것이다. '이 버릇없는 녀석' 정도로는 분이 풀리지 않아서 나온 표현일 뿐이다.

학교에서 내가 본 장면도 그 선생님의 연배를 생각하면 화났을 때 야단치는 평범한 레퍼토리 중의 하나였을 것이다. 다만 하필이면 시대에 뒤떨어지는 그 말을 아버지가 집을 나간 아이한테 한 것은 불행이었다.

화목한 가정이라 해도 부모를 모욕하는 말에 마음 불끈하지 않을 사람은 없다. 우리는 어디에서도 남의 가족을 건드리는 표현은 쓰지 말아야 한다. 다만 그런 표현을 하는 사람을 앞에 둔 시점에서 우리 자세는 그 말을 말 그대로가 아니라 그 속에 담긴 상대방의 불편한 심기만 접수하는 편이 낫다. 화가 좀 많이 나서 이 화를 너한테도 좀 나누어 던져 줘야 견딜 수 있겠다는, 나약함과 심술이 버무려진 감정적 지점을 알아차리는 걸로 족하다. 그들은 애초에 우리 부모의 명예를 훼손하려고 그런 말을 한 적이 없다. 그냥 화가 났다는 말인데 그것을 듣고 솟아오르는 내 감정에 부르르 떤다면 바로 거기서부터 우리 부모의 명예는 실추될 위험에 처한다. 어른에게, 윗사람에게, 직장 상사에게 혹은 고객에게 째려보고 대드는 것으로 이제 그 말을 증명할 참이다.

남의 부모를 욕하는 것은 비열하고 비겁한 짓이라는 우리 생각은 불쾌감을 제대로 표현하고 상대를 자극시키는 데는 부모 욕을 하는 것이 상당히 효과적인 방법이라는 그들의 경험적 생각과 당연히 다르다. 그러나 그들에게 우리 생각을 살펴봐 줄 친절을 기대할 수 없는 노릇이다. 아무래도 인품이 좀 되는 우리가 그의 생각과 의도를 제대로 해석하고 이해하는 것이 빠르다. 부모를 끌어다 욕을 했더라도 그들이 말한 내용은 이것이 전부다. 버전만 바꾸면 아래 표현과 똑같다.

"지금 내 마음이 몹시 불편해요. 당신이 이 마음을 확실히 알아주고 조치해 줘야겠어요."

우리도 대답하면 된다. 마음속으로.

'아, 그렇군요. 잘 알겠습니다. 제가 대단한 집안 출신은 아니지만 사람 말은 좀 알아듣는 기특한 구석이 있습니다. 그렇다고 너무 감동 받지는 마세요.'

우아하게 살기

폭력은 범법 행동이니 대응이 명확하지만 욕설의 경우는 회사마다 매뉴얼이 다르고 매뉴얼대로 했다고 해도 제대로 다루지 않으면 마음의 상처를 오래 남긴다. 욕설과 모욕에 제대로 방비하지 않고 장기간 노출되면 우울감과 무력감, 자신의 인생 전체를 무가치하게 느끼는 단계까지 진행될 수 있다. 앞 장에서 욕을 어떻게 이해하고 바라볼 것인가를 다루었다면 이번에는 욕과 대면한 현장에서 어떻게 행동할 것인가를 구체적으로 알아보자.

고객의 컴플레인이 원만하게 처리되지 않아 점차 실랑이가 길어지면 거친 고객들은 욕을 하기 시작한다. 물론 밑도 끝도 없이 전화기를 드는 순간부터 혹은 얼굴을 마주한 순간부터 욕을 해대는 고객도 있다. 어떤 경우든 욕을 듣는 순간 우리는 긴장하며 전선을 가다듬게 된다.

서비스 종사자들에게 '고객에게 욕을 들을 때 스트레스를 받는 이유'를 질문해 보았다. 그 대답을 요약하면 다음과 같다.

1. 고객이 욕을 하는데도 맞받아칠 수 없는 처지 때문이다. 심지어 그런 사람에게도 친절해야 하니까 스트레스가 심해진다.
2. 욕을 들으면 당연히, 자동적으로 스트레스받는 것 아닌가?
3. 어떻게 대처해야 할지 두렵고 불안해서 스트레스를 받는다.

이런 생각이 바뀔 수 없는 진실이라면 감정 노동자가 스트레스를 피해 갈 방법은 없을 것이다.

지금부터 감정 노동자들이 품고 있는 이 당연하다는 생각을 제대로 파헤쳐 보자.

첫 번째 생각, 우리가 고객에게 욕으로 맞대응하지 않는 이유의 진실이다.

"시원하게 하고 싶은 욕을 했다가 회사에서 잘리면 어떻게 해요?"

그렇다. 우리가 고객들과 똑같이 욕설을 섞으면서 싸우면 직장 생활을 지속할 수 없거나 결국 손해를 입기 때문에 심장이 문드러지는 한이 있어도 참을 수밖에 없다는 것이 이제까지 우리의 생각이었고 현실이었다. 하지만 여기서 한 가지 중요한 질문이 꼭 필요하다.

'만일 회사에서 잘릴 가능성이 없다면, 만일 먹고 살 돈이 부족하지 않다면 우리 마음대로 욕하고 고객과 똑같이 험한 말을 퍼부으면서 살 것인가? 진정 그렇게 사는 것이 우리의 소망인가? 욕을 마음껏 해도

회사에서 잘리지 않는 세상, 과연 그것이 우리가 원하는 세상인가?'

결론을 말하자면 아니다. 아무리 욕을 해도 회사가 뭐라 하지 않는 세상, 고객과 우리가 서로 욕으로 밥을 말아 먹는 세상, 우리가 바라는 세상은 그것이 아니다.

욕을 하는 고객에게 우리가 똑같이 대응하지 않는 이유는 따로 있다. 우리가 그런 험한 욕을 결코 내뱉지 않는 것은 우리에게는 인간답고 우아하고 아름답게 살고 싶은 소망이 있기 때문이다. 고객이 하는 만큼 욕을 날려 준다고 해도 마음이 깃털처럼 가벼워지지도 않는다. 왜? 그런 삶은 우리가 바라는 것이 아니기 때문이다. 우리가 사랑스럽고 인간답게 살자고 직장에도 다니고, 얇은 지갑을 열어 책도 읽고, 알뜰살뜰 돈을 모아 여행도 가는 것 아닌가? 그러려고 아침마다 깔끔하게 단장하고 힘들지만 출근하는 것 아닌가? 그러니 '고객이 하는 만큼 욕을 맞받아치지 못해서 스트레스 받아요.' 하는 문장은 애초에 잘못되었다.

사실 엄밀히 말해서 욕을 해도 스트레스는 그대로이고 욕하고 나면 스트레스는 더 쌓인다. 누군가와 욕하며 싸웠던 기억을 떠올려 보라. 결코 유쾌하고 행복한 기억이 아닐 것이다. 우리는 욕하면서 살고 싶지 않기 때문에 그들의 욕을 맞받아치지 않았던 것이다. 그러니까 우리가 스트레스 받는 것은 욕을 못하게 해서가 아니다. 인간답고 우아하고 아름답게 살고자 하는 욕망은 욕하는 고객에게 욕으로 되갚아 주어서는 채워지지 않는다.

두 번째 생각, 욕을 들으면 당연히 스트레스 쌓이고 화가 난다는 통념의 진실이다.

"욕을 먹으니 당연히 스트레스 받아요."

너무나 당연하게 여겨 온 이 말을 더 자세히 파헤쳐 보기 위해서 퀴즈를 풀어 보겠다.

퀴즈 1

다음 중 인간의 존엄성이 가장 훼손되는 욕은?

1. 이 새×××야.

2. 이 개××야.

3. 이 18××야.

대부분의 사람들이 3번을 정답이라고 한다.

퀴즈 2

다음 중 인간의 존엄성이 가장 많이 훼손되는 행위는?

1. 욕을 먹는 일

2. 맞는 일

3. 성추행을 당하는 일

이 퀴즈에도 많은 사람들이 3번이라고 대답한다. 그런데 두 문제 모두 3번은 정답이 아니다.

그럼 정답은 뭘까? 없다. 이 중에 어떤 것도 인간의 존엄성을 훼손시키는 것은 없다. 우리는 성추행범을 인간성을 상실한 패륜아라 부르긴 해도 성추행을 당한 사람에게 죄를 묻거나 윤리 의식을 상실했다고 손가락질하지 않는다. 우리 인간의 존엄성이란 이런 일로 손상되지 않는다. 우리의 귀중함, 우리의 사랑스러움은 이 세상 그 무엇으로도 파괴되거나 깨지지 않는다.

누가 나에게 욕을 하거나 성희롱을 하거나 설사 그 무슨 일이 일어난다고 해도 나는 인간으로서 언제 어디서나 소중하고 사랑스러운 존재다. 욕설을 들었다고 해서 우리의 소중함에 금이 간다면 소중한 인간이 얼마나 될까? 우리들 중 누구는 소중하고 누구는 그렇지 않다는 말인가?

그리고 세 번째 생각, 바로 이 두려움 때문에 지금 우리가 이 책을 읽고 있다. 이 책을 다 읽고 덮는 순간 생각이 달라져 있기를 기대한다.

입 밖으로 나온 욕은 누구의 것?

지인 중에 시어머니에게 오랜 세월 불량 고객에 버금가는 욕설과 억울한 말을 들으며 지내온 이가 있다. 원망 때문에 몸도 마음도 보기 딱할 정도로 허약하던 그녀가 어느 날부터 눈에 띄게 밝아졌다. 상황이 달라진 것은 없었지만 자신의 인생을 다른 관점으로 보기 시작했기 때문이다. 시어머니가 뱉은 욕설을 내 것인 줄 알고 그것으로 가슴을 후빈 것은 바로 그녀 자신이라는 것을 깨달았기 때문이다. 후비지만 않으면 땅에 떨어진 그 욕설은 나와 아무 상관이 없다. 인생에서 고꾸라진 사람은 욕을 들은 자신이 아니라 험한 욕설을 수시로 던지는 시어머니라는 것을 그녀가 깊이 받아들였기 때문이다. 여기서 우리는 욕의 소유권을 확인하고 욕이 가진 파괴력의 실체를 파악할 수 있다.

욕은 그것을 자기 것으로 오해해서 그것으로 자기 가슴을 찌르지만 않는다면 어떤 파괴력도 가질 수 없다. 날아가는 폭탄 같은 욕설을 달려가 끌어안게 되면 장렬한 폭사를 면하기 어렵겠지만 그냥 지나가게 놓아두면 공중으로 날아가 흩어지거나 원래 소유권자의 인품으로 반사되고 말 것이다. 무조건 참아 주라는 말이 아니고 그 욕에 의미를 부여하고 물을 주며 키우지 말라는 말이다. 그러면 대책 없는 상처로 고통받는 대신 담담하게 효과적인 대응책을 찾는 데 마음을 쓸 여유가 생긴다.

중학교 여학생이 친구들 앞에서 학교 폭력을 당한 사건이 있었다. 상담 교사인 나는 그 여학생과 친구 두 명을 함께 상담실로 불렀다.

"친구들 보기가 너무 창피해서 어디론가 사라져 버리고 싶어요. 걔가 나한테 욕하고 발로 찼는데 나는 바보같이 울기만 했거든요. 그 많은 애들 앞에서요. 아마 이제 어디서도 난 사람 대접 못 받을 것 같아요."

이렇게 말하는 피해 여학생의 말에 상담 교사인 나는 다른 두 명의 친구들에게 물었다.

"애들아. 그런데 이유도 없이 때리고 욕한 사람이랑 맞고 욕 얻어먹은 사람 중에 나쁜 사람이라고 손가락질 받아야 할 사람은 누구니?"

말이 떨어지기가 무섭게 두 친구가 냉큼 대답했다.

"당연히 때리고 욕한 사람이죠."

"그래? 확실해? 음, 그렇구나. 친구들이 그렇다는 구나. 그럼 맞는 데도 힘이 없어서 맞서지 못한 사람은 혹시 바보 같다고 손가락질 받아야 하는 거니?"

이 질문에도 주저 없이 친구들이 대답했다.

"피, 깡패가 덤비면 힘센 아저씨도 피해간다고 TV에 나오잖아요. 힘센 애한테 덤벼 봐야 더 맞기만 할 텐데 덤비는 게 바보죠."

"그래? 그럼 맞는 것도, 맞서지 못한 것도 그렇게 바보 같고 창피한 게 아니라는 말이네. 어때? 여기 있는 친구들은 그렇다는데 혹시 틀린 말이니?"

그 여학생이 배시시 웃으며 한마디 했다.

"아뇨."

그 여학생이 나중에 잘 적응한다는 반가운 소식을 들었다. 맞고 욕먹은 것도 억울한데 그것으로 자신을 계속 찔러대기까지 하던 어린 여학생은 친구들의 지지를 받고 욕설과 폭력의 소유권자가 누구인지를 단번에 알아들었다. 그리고 스스로를 찌르던 가시덤불에서 탈출할 수 있었다.

물론 이런 의문이 들 수도 있을 것이다. 인간은 조건 없이 모두가 존엄하니 그들의 모욕이 나를 이미 만신창이로 만들었는데도 나는 여전히 존엄하다고? 나는 이미 속상하고 상처받았는데, 잠자리에 누워도 그 끔찍한 말이 귓전을 맴돌고 생생하기 짝이 없는데, 내 마음으로 받아들이지만 않으면 상처받지 않을 수 있다니 그저 말장난은 아닐까?

우리는 대체로 일어난 사건이, 상황이 혹은 상대의 대접이 우리에게 저절로 감정을 불러일으킨다고 믿는다. 과연 그럴까? 같은 상황에서도 사람들이 모두 같은 감정을 느끼지는 않는다. 심지어 동일한 상황에서 전혀 반대의 감정을 느끼기도 한다.

욕 듣기의 기술

요즘 교사에게 대놓고 욕하는 학생이 있다는 언론보도를 보았을 것이다. 사춘기의 절정이라 할 수 있는 중학교에서는 드물지 않은 일이다. 불량 고객이나 다름없는 이들을 교사들은 어떻게 다루고 있을까? 존경받아 마땅한 교사가 어린 학생에게 욕까지 먹는다면 참담한 심정은 우리 서비스 현장의 감정 노동자보다 결코 덜하지 않을 것이다. 그러나 이들에 대한 교사들의 대응이 생각에 따라 완전히 다르고 느끼는 감정 또한 전혀 다르다는 것을 볼 수 있다.

첫 번째 유형

학생이 자신에게 욕을 한 이상 그 욕은 내 것이라고 덥석 끌어안는 유형이다. 그 욕설의 의미 그대로를 받아들여 엄청난 모욕감과 자괴감에 휩싸인다. 자신의 인격과 교사의 권위에 대한 도전이자 학생으로서 감히 있을 수 없는 행동이라고 생각해 불같이 화를 내며 모든 조치를 동원하여 따끔한 일침을 가하려 한다. 그동안 자신이 아이들에게 만만하게 비친 결과라고 생각하며 더 호된 모습을 보이리라 결심하기도 한다. 아주 드물게는 학생의 불량스러운 욕을 고스란히 학생에게 되돌려 주기도 한다.

결과는 어떨까? 거친 아이들이 단호한 조치 한 번으로 진심으로 고개 숙이고 반성할 수 있을까? 그런 학생이라면 애초에 어른에게, 그 것도 선생님에게 욕을 하지는 않는다. 대부분 마음속으로 더 깊은 적대감을 쌓거나 있는 힘껏 저항하고 어느 순간 같은 상황을 되풀이할 것이다. 학생 역시 받은 대접을 자신의 것으로 확실히 해 둘 테니까.

두 번째 유형

학생의 욕을 감정을 조절하지 못한 문제 학생의 문제 행동으로만 받아들이는 경우다. 아이의 욕은 아이의 것이니 학생을 걱정하는 마음이 더 크다면 어떨까? 욕의 내용이 당황스럽기는 하겠지만 상황과 아이를 살필 수 있는 평정심을 잃지 않을 것이다. 심한 자극을 받을 만한 상황이 있었는지, 성격적으로 충동적인 것인지 자세히 알아볼 여유가 생길 것이다.

"그런 심한 말을 하다니 당황스럽다. 어떻게 된 거니? 가라앉히고 이야기를 좀 해 보자."

"지금은 수업 시간이니 놀랍긴 하다만 먼저 수업을 끝내겠다. 너도 그사이 좀 진정하도록 해 봐라."

아무리 거친 아이도 자신이 저지른 행동의 의미를 전혀 모르지는 않는다. 교사가 의외의 침착성과 자신을 먼저 배려하는 태도를 보여주면 영향을 받기 마련이다. 어쩌면 이 험악한 상황을 침착하게 수습한 교사 자신에게도 이 사건은 상처라기보다는 자부심을 느끼게 했을 가능성도 있다. 학교에는 아직 이런 훌륭한 교사가 많다.

학생이 교사에게 욕을 한 것이 이해받을 만큼 가벼운 사안이라는 뜻이 아니다. 교칙을 엄격하게 적용하는 것이 문제라는 것도 아니다. 여기서 핵심은 그런 말도 안 되는 상황에서조차 생각의 차이가 감정의 차이를 낳고 대응의 차이를 낳고 이는 다시 해결의 차이를 낳는다는 점이다. 두 유형 가운데 어떤 유형의 교사가 더 상처받고 자신의 교직에 회의를 느낄지는 말할 필요가 없다.

생각의 차이에 따라 받는 스트레스의 양은 달라질 수 있다. 심지어 누군가에게는 상처받고 고통 받는 원인이 누군가에게는 자신이 얼마나 유능하고 성숙한 사람인지 느껴 보는 성장의 시간이 되기도 한다.

고객의 거친 행동이나 욕을 오롯이 고객의 것으로 남기고 내 것으로 받아들이지 않는다면 거친 행동이나 욕은 고객이 문제 상태에 있다는 증거일 뿐 나와는 관계가 없다. 그러면 전문가로서의 평정심을 잃지 않고 어떻게 하는 것이 가장 현명한 대처인가에만 초점을 맞출 수 있을 것이다.

욕을 듣고 모욕적인 말을 들으며 그동안 힘들게 참아 왔다면 지금 내 마음에 위로와 함께 존경을 건네 보면 어떨까? 어쩔 수 없이 참았던 것이 아니라 아름답게 살고자 한 품위 있는 노력이었으니.

어머, 욕을 하시나 봐요

우리는 누가 우리에게 욕설을 한다고 해서 우리의 존엄성, 소중함, 고귀함, 아름다움이 손상되지 않는다는 것을 알고 있다. 우리는 이미 아름답다. 충분히 아름답기 때문에 누구라도 우리에게 욕을 할 리가 없다. 혹시 욕을 했더라도 잘 모르고 실수로 나온 욕이지, 우리에게 대놓고 하는 욕이 아니다. 내면에서 아름다움과 우아함이 샘솟고 있는 사람이 욕을 얻어먹으면서 살 리가 없다. 그러므로 이 세상에 나한테 욕을 할 만한 사람은 없다. 그러니까 고객이 욕을 할 때 다음처럼 반응하면 안 된다.

- 고객님, 방금 뭐라고 하셨나요?
→ 이 말의 속뜻: 너 시방 뭐라고 그랬냐? 너 지금 나한테 욕했지?
- 너무 심하신 거 아니에요?
→ 아마 이 말에 수긍하는 고객이 있다면 그는 공자님일 것이다. '아!

당신은 아무 잘못 없는데 제가 욕을 하다니 나는 정말 나쁜 사람입니다.'라고 할 사람이 있을까?

- 제가 그런 소리나 들을 사람으로 보이세요?

→ 이 말의 속뜻: 날 무시해?

- 그런 말 하고 나면 기분이 좋으세요?

→ 이 말의 속뜻: 넌 싸가지가 없어서 좋겠구나!

이런 반응들의 공통점은 무엇일까? 고객이 나한테 욕을 했다는 것을 기정사실화했을 때 나오는 반응들이다. 그렇다면 제대로 된 해법은 무엇일까? 위에서 이미 힌트를 주었다. 우리는 욕을 먹을 리 없는 고상한 사람이라고. 고객이 욕을 했지만 그랬을 리가 없다고 여기는 것! 바로 그것이 해법이다. 어떻게?

"제가 잘못 들은 것 같은데, 혹시 지금 뭐라고 하셨나요?"

이때 얼굴에 나타난 표정이 매우 중요하다. 정말, 진심으로 당신이 나한테 욕했을 리가 없다는, 나도 그런 말을 들을 이유가 없고 고객 당신도 그런 말을 할 이유가 전혀 없다는 확신과 의아함이 가득 찬 표정이어야 한다. 이것은 가식이 아니라 거듭 말하지만 우리 자신의 소중함에 대한 확고한 신뢰가 그 바탕이다.

'뭐라고? 너 방금 뭐라고 했냐? 뭐 이런 게 다 있어? 다시 한 번 말해 볼래?' 같은 표정이라면 아무 소용이 없다. 올바른 표정으로 묻는다면 대부분의 불량 고객은 아무 말도 안 했다고 한다. 그런 말 한 적이 없다고 한다.

이제 됐다! 이제 우리의 애초의 신념, 우리는 결코 욕먹는 존재가 아니라는 명제는 실현되었다. 고객이 아무 말도 안 했다고 하면 아무 말도 안 한 것이 맞다. 설마 '방금 욕하셨잖아요.'라는 자다가 봉창 뜯는 말은 하지 않으리라 믿는다. '역시 그러셨구나.' 하면 그만이다.

"손님, 죄송하지만 제가 방금 잘 못 들어서 그런데 혹시, 제게 욕을 하신 건가요?"

이런 예기치 않은 반응에 대부분은 당황해서 더듬거린다.

"욕, 욕은 무슨, 내, 내가 무슨 욕을 했다 그래?"

버럭 소리는 지르고 있지만 이미 시선은 사방으로 흔들리고 만다.

"그러시죠? 점잖으신 분이 그러실 리 없다 싶었죠. 에구, 요즘 살기가 팍팍해서 그런지 괜히 욕하시는 분들이 가끔 있더라고요. 그럴 때는 선생님 같은 분들이 나서서 좀 말려 주고 그러셨으면 좋겠어요."

"그래야지, 흠흠."

이런 얘기를 하면 꼭 받는 질문이 있다. 그래, 욕했다 어쩔래 하고 덤빌 땐 어떻게 해야 하느냐. 물론 때로 "그래 내가 욕했다, 어쩔래?" 하는 고객도 있다. 그러면 역시 "(놀라는 표정을 지으면서) 설마 그 말을 저한테 한 것은 아니지요?"라고 말하면 된다. 마찬가지로 거기에 대고 "그래 너한테 하는 욕이다."라며 달려드는 고객은 거의 없다.

대부분 상황 탓을 하면서 일 처리가 어쩌고 오늘 재수 없는 일들이 어쩌고 하며 딴 곳으로 화제를 돌리기 마련이다.

'너한테 한 욕이 맞다'고 하면서 막무가내로 나온다면 '그런 말을 저한테 하다니요, 설마 아니겠지요. 저한테 한 말은 아니지요?'가 정답이다.

설마 나한테 욕을?

'설마 제게 욕을 하셨나요?' 하고 되묻는 마음가짐은 '나는 그런 이상한 말을 듣고 사는 사람이 아니다!'라는 굳은 확신이다. 이런 자세는 고객으로 하여금 한 말도 아니라고 하게 만든다. 만일 설마 저한테 한 욕이 아니겠지요? 라고 하는데도 고객이 계속 너한테 한 욕이 맞는다고 우기는 상황을 한번 떠올려 보자. 한 편의 코미디가 따로 없다. 이미 대화의 원래 주제는 간 곳이 없고 '나는 당신에게 욕을 했다'라는 게 주제가 되고 말았다. 살벌하던 에너지는 힘을 잃고 욕은 허공을 떠돌다 우리와는 상관없는 한낱 공기로 산화해 버렸다. 드물지만 마지막까지 욕을 포기하지 않고 덤빈다면 한마디 덧붙일 수도 있다.

"네? 아이구, 정말 속상한 일이 있으신가 봐요. 암만 봐도 그런 욕 하실 분 같지 않은데……."

게임 아웃이다. 자기가 욕하는 사람이라고 우겨도 그것은 우리와는 관계없이 자기가 그런 사람인 것이고 대개는 자기도 그런 사람은 아니라는 선에서 마무리된다. 얕은 수로 그 사람을 구슬려 보려는 의도가 아니다. 사람이 그런 심한 말을 할 수 있다는 것을 믿을 수 없는 천진한 마음과 당황스러움을 표현하자는 것이다. 내가 이 세상에서 받아야 할 것에도 주어야 할 것에도 거칠고 저급한 욕 같은 것은 들어 있지 않다는 믿음, 이 세상 그 누구도 그 본질에는 존중받고자 하는 마음이 들어 있다는 믿음을 표현하자는 것이다.

물론 이런 의구심이 들 수 있다. 불량 고객들은 욕을 한마디만 하고 마치는 사람들이 아니고 첫 말이 '씨(쌍시옷)'으로 시작해서 누가 말릴 틈도 없고 중간에 자를 수도 없는데, 쏟아지는 욕더미에 이미 깔렸는데 나중에 욕을 했네, 안 했네 하는 대응이 무슨 소용이 있을까 하는 것이다.

우리 목표는 고객들이 욕을 하지 않게 만드는 것이 아니다. 우리 목표는 고객이 욕을 해도 스트레스받거나 상처받지 않는 데 있다. 고객들은 준비된 모든 욕을 쏟아붓고 우리는 대응을 하는 것이다. 고객의 말이 모두 끝난 뒤에 대응을 해도 늦지 않다. 모래를 내리려고 한쪽을 들어 올린 트럭 앞에 서서 쏟아지는 모래를 막으려고 하면 그 모래에 깔려 버린다. 모래가 모두 지상에 쏟아지고 나서도 우리는 위와 같이 천천히 반응할 시간을 충분히 얻을 수 있다. 그 숱한 모래 무더기 속에서 깔려 버리지도, 한 점 때를 묻히지도 않은 우리의 청순한 표정에 불량 고객들은 깜짝 놀라 전신의 힘이 쑥 빠져 버릴지도 모른다.

잔소리 대마왕은 어떻게?

"건강보조식품 매장을 운영하고 있다. 우리 가게는 네트워크 사업이기 때문에 판매보다 회원을 모집하고 관리하는 일이 더 중요하다. 그래서 회원들이 함께 모여 건강에 관한 얘기도 나누고, 제품 공부도 하고 함께 교육을 받으러 가기도 한다. 매장에는 아무래도 시간이 넉넉한 나이 드신 분들이 많이 오시는 편이다. 문제는 이 중 몇 분이 잔소리가 장난이 아니라는 점이다. 내가 자기 며느리나 딸도 아닌데 컵은 그렇게 두지 마라. 청소는 이렇게 해야지. 손님한테 그렇게 말하면 안 된다. 저 사람한테는 이런 제품을 권했어야지…… 이뿐이 아니다. 내가 관리하는 사업자한테까지 이 교육을 왜 안 받았냐, 빨리 매장부터 열어라 하고 지적을 하신다. 조심스럽게 '그건 제가 알아서 할게요.'라고 해 봐도 그때뿐이고 소용도 없다. 마음 같아서는 '내일부터 나오지 마시라'고 딱 자르고 싶지만 매출도 지속적으로 올려 주고 사람들을 소개하기도 하기 때문에 그럴 수도 없다. 우리 엄마 잔소리가 듣기 싫어 결혼까지 서두른 내가 여기서 이런 강적들을 만나다니. 요즘엔 이 분들이 나타나면 피할 궁리만 한다. 사업자가 회원을 피하다니 말이 안 되는 소리지만 참다가는 속이 문드러지게 생겼으니 어쩌면 좋을까? 성질 같아서는 매장이라도 옮겨 버리고 싶다."

아무리 가까운 사람이라도 잔소리를 시작하면 누구나 귀를 틀어막고 숨어 버리고 싶다. 나를 위해 하는 말인 줄 알아도 마찬가지다. 어쩌면 그렇기 때문에 딱 잘라 거절도 못 하고 속이 더 부글거릴지도 모른다. 그래서 '나는 누구에게든 절대 잔소리를 하지는 않을 거야.'라고 결심하지만 어느 날 정신을 차리고 보면 누군가가 나에게 이런 말을 하고 있다.

"잔소리 좀 그만해."

그 말에 아, 나도 잔소리를 많이 하는구나 하고 깨닫기라도 하면 다행이다.

"내가 잔소리를 했다고? 무슨 소리야, 네가 문제가 있으니 바른말을 한 것뿐인데, 이게 왜 잔소리야?"

게다가 옳은 말을 받아들이지 못하는 상대가 문제라고 우기기까지 한다. 아이러니다.

누구나 듣기 싫어하는 잔소리를 고객이 해 댄다면 어떻게 대처해야 할까? 고객을 잔소리하지 않는 사람으로 바꿀 수도 없고 입을 억지로 틀어막을 방법도 없다. 고객뿐일까? 우리 주위에는 잔소리꾼이 곳곳에 포진해서 우리 마음을 고달프게 만든다. 그들이 잔소리를 그

치도록 만들 수 없다면 좀 더 수월하게 듣는 방법을 찾아야 하지 않을까?

사춘기에 들어서면 나타나는 첫 번째 증상이 잔소리를 듣기 싫어하는 것이다. '됐거든요?', '내가 알아서 하거든요?' 이런 말로 더 이상 잔소리하지 말라고 방어하기 시작한다. 철이 들고도 잔소리를 용납하는 경우는 거의 없다.

그런데도 잔소리꾼들은 잘못을 지적해야 앞으로 발생할 수 있는 잘못을 미연에 방지할 수 있으니 상대방을 위해서 잔소리를 한다고 한결같이 해명한다. 그런다고 잘못이 없어진다면 인류 역사가 시작된 지 얼마 후에 세상의 모든 잘못은 없어져야 했다. 잔소리 때문에 잘못을 예방할 수만 있다면.

왜 우리는 잔소리를 싫어할까? 잔소리의 본질이 다음과 같기 때문이다.

'너는 잘못했다.'

'너는 앞으로 잘못할 가능성이 많다.'

잘못했다고 하는 말은 누구나 듣기 싫다. 설사 내가 잘못을 했더라도, 혹여 미래에 내가 잘못을 저지르는 일이 있더라도 이런 지적은 듣기 싫다. 너 잘못했다는 말은 뒤집어 보면 '너는 부족하고 나는 우월하다'는 말이다. 더 나아가 자신의 우월성을 강요하는 것이 잔소리다. 부모라는 이유로. 선생님이라는 이유로. 거기다가 어이없게도 고객이라는 이유로 자신의 우월성을 강요한다. 너는 못났고 나는 잘났다. 그러니 누구나 잔소리는 듣기 싫다.

잔소리 중에 가장 듣기 싫은 잔소리는 시어머니 잔소리다. 그래서 성별과 나이에 상관없이 잔소리 많은 사람을 우리는 시어머니라 부른다. 한국 사회에서 시어머니는 아직 모셔야 할 존재로 며느리는 '그만하시라'는 표현을 여간해서는 선뜻 하기 어렵다. 그러니 가장 듣기 싫은 잔소리다.

잔소리 중에 그래도 들을 만한 잔소리는 자원봉사 간 노인센터에서 치매 노인들이 하는 잔소리다. 우리 남편을 길러 주셨고 우리 애들 과자라도 사 주시는 시어머니 잔소리가 아무 상관도 없고 엉뚱한 소리 해대는 치매 노인 잔소리보다야 나아야 하는데, 왜 그렇지 않을까? 왜 치매 노인의 잔소리는 어이없고 귀찮긴 해도 부르르 끓어오르진 않는 걸까? 심지어 웃기기까지 할까? 잔소리가 딱 듣기 싫어지는 지점이 바로 그곳이기 때문이다. 우월함의 지위. 사람들이 잔소리 레퍼토리 중에 진저리를 치는 것이 이 말이라는 것도 의미심장하다.

"거봐라, 내가 뭐라 했어? 내 말 안 듣더니 그렇게 됐네."

내가 우월하고 너는 별 볼일 없다는 것을 확인사살까지 하는 말이기 때문에 그렇다. 우리가 잔소리하는 사람에게 우월함의 지위를 내어 주는 순간, 잔소리는 귀를 통해 심장으로 아프게 파고든다.

그런데 만약 우리가 잔소리꾼에게 우월함의 지위를 내어 주지 않는다면 어떨까? 매장까지 옮겨 버리고 싶을 정도로 사무치지는 않을 것이다. 치매 노인이 그렇듯이 시끄럽고 성가시기는 해도 애처로운 고객일 뿐이다. 고객의 잔소리에 심장과 장이 꿈틀거리기 시작한다면 고객에게 우월성을 넘겨 준 순간이다.

'아차, 내가 이분을 너무 높은 곳에 모시는구나. 그만 내려드려야겠다.'

끓어오르려던 마음이 조금씩 잦아들 것이다.

잔소리 꼬리 자르기

가까운 후배가 상사의 잔소리를 좀 빨리 끝나게 하는 비법은 없겠냐고 물은 적이 있다. 직속 상사의 잔소리가 길어서 영 죽을 맛이라는 것이다. 길어지는 잔소리를 좀 짧게 자를 수 있는 방법은 없을까? 잔소리를 자르는 것이 쉬운 일이 아니지만 다소 효과가 있는 방법은 상대방을 안심시키는 것이다. '아, 지금 뭐라는 거야. 작작 좀 하지.'라며 뚱한 표정을 짓는 것은 잔소리를 길어지게 하는 지름길이다. 자신의 중요 포인트를 상대방이 주목하지 못하거나 중요도를 아직 충분히 못 알아들었다고 생각할 테니까.

"아, 부장님, 이런저런 점을 고치란 말씀이시죠? 잘 알아들었습니다. 일단 그 점을 고려해서 제가 다시 한 번 해 보겠습니다. 궁금한 게 있으면 상의 드릴게요. 부족한 게 있으면 다시 말씀해 주세요."

밝은 표정으로 이렇게 말한다면 부장은 목적이 달성되었다고 안심하거나 '이제 그만 하라'는 사인으로 알아듣는다. 여기에도 핵심은 우월성을 넘겨주지 않는 태도가 그 전제다. 그것이 없다면 밝은 표정으로 말한다는 것 자체가 불가능하니까. 넉살에 자신이 있다면 좀 더 먹히는 방법도 있다.

"우리 부장님은 왜 이리 나를 못 믿으실까? 이래봬도 제가 일 좀 하는 사람인데. 부장님, 저 한번 믿어 보시라니까요?"

이렇게 되면 부장은 웃는 얼굴에 침을 뱉을 수도 없어 '아니, 못 믿어서 그런 게 아니라 걱정이 돼서……' 하면서 말끝을 흐리고 그만 잔소리를 접는다. 그리고 다음부터는 확실하게 문제가 생기기 전까지는 지나친 간섭은 삼가려고 노력할 확률이 높다. 부하 직원을 못 믿는 상사가 되고 싶은 사람은 없기 때문이다. 좋은 성과가 날 때마다 이런 감사의 말을 하는 것도 도움이 된다.

"다 부장님이 저를 믿고 맡겨 주신 덕분입니다. 감사합니다. 더 노력하겠습니다."

상대방에게 우월함의 지위를 부여하고 괴로워하는 사람이라면 배알이 뒤틀려서 하기 힘든 표현이다. 우리는 곁의 동료가 상사에게 이런 말을 하면 '아부 왕'이라며 입을 삐죽이고 싶을지도 모른다. 전혀 마음에 없는 말을 억지로 지어서 하는 것이 아니라면 그 동료는 자존감이 높은 사람일 가능성이 많다. 상대에게 쓸데없는 지위를 부여해서 내 머리 위로 올려 두지 않았기 때문에 저런 표현을 자연스럽게 하는 것이다. 아부까지 해서 잔소리는 피하고 칭찬을 듣는다고 손가락질하기 전에 내가 스스로를 낮은 위치에 두는 사람은 아닌지 한번 살펴볼 필요가 있다.

조언과 잔소리 사이

고객만 우리에게 잔소리를 하는 것이 아니다. 전문가적 조언을 빙자해 숫제 자신의 의견을 강요하는 데에 이르면 고객이 우리에게 하는 잔소리보다 더 심각하다. 머리를 단발로 자르고 싶다는 고객의 요구에 얼굴형과 어울리지 않는다는 이유로 자기 의견을 굽히지 않고 실랑이를 벌인다. 웬 전문가적인 고집일까? 가장 어울리는 단발 스타일을 찾아 주면 될 것을. 단발을 하고 싶다는 고객의 욕구를 좌절시키기 위해 늘어놓는 온갖 미용 이론상의 의견은 모두 잔소리다. 어떤 사람은 쓸데없는 잔소리로 고객의 기분을 상하게 해 놓고서 마치 자신에게 고고한 장인 정신이 있는 양, 전문가로서의 자부심을 지킨 양 뿌듯해하기도 한다. 착각이다. 마음 약한 고객들이 더 이상 말하기를 멈추고 물러섰다고 해서 자신의 의견이 관철되었다고 생각하면 곤란하다.

"그 매장에 절대 가지 마. 내 생각은 하나도 안 들어 주고 자기 말만 해. 내가 이 말 하면 저 말로 막고 저 말 하면 이 말로 막으면서 결국 자기 마음대로 한다니까."

고객들은 평가를 뒤에서만 하기 때문에 본인만 모른다.

친지가 보험 설계사를 시작했거나 네트워크 사업에 뛰어들었다고 하면 만나기가 영 꺼려지는 이유가 무엇일까? 의리상 도움이 돼주어야 한다는 부담감도 있지만 내 인생이나 건강을 통째로 컨설팅하려 덤벼드는 것이 무섭기 때문이기도 하다.

지인 중 한 명은 친한 친구가 건강식품 네트워크 사업을 하는데 그 앞에서 무심코 아프다는 말이라도 꺼냈다간 큰일 난다고 고개를 흔든다. 그 말이 떨어지기 무섭게 의사도 아니면서 처방을 내리고 어떤 제품을 먹어 두라며 자기 말을 듣지 않은 결과라고 야단까지 친다. 어떤 영업도, 전문가적 조언도 상대방과 교감하지 못하는 일방적인 주장은 다 잔소리다.

'내가 더 나으니 내 말을 들어라. 내 말을 귀담아듣지 않는다면 넌 바보거나 운이 없는 거야. 이다음에 큰일 치르면 내 생각이 날 테니 그때 가서 후회나 하지 말렴.'

말로도, 눈빛으로도 이런 방식이라면 그 뒤에 일어나는 심리적 반응은 한 가지다.

"됐거든!"

고객의 의견과 욕구에 귀를 열고 대답하는 것이 전문가적 조언이라면 내 의견만 관철시키려 애쓰는 말은 그 말이 아무리 '옳은 말'이라 해도 잔소리다. 잔소리를 백과사전에서 찾아보면 이렇게 나온다.

1. 듣기 싫게 필요 이상으로 참견하거나 꾸중하며 하는 말
2. 쓸데없이 자질구레한 말을 늘어놓는 것

여기다 하나를 꼭 덧붙이고 싶다.

3. 상대가 요청하지 않은 모든 옳은 말

옳은 말? 옳은 말이 잔소리라고?

맞다. 옳은 말이 잔소리다. 대부분의 잔소리는 모두 옳은 말이다. 잔소리가 옳은 말이 아니라면 사실 잔소리가 그다지 문제될 것이 없다. 무시하면 그만이니까. 사춘기 자녀를 가진 부모들에게 가끔 묻곤 한다. 자녀에게 가장 해서는 안 될 말이 뭘까요? 그럼 대부분은 이렇게 대답한다.

기죽이는 말, 거친 말, 야단치는 말.

맞는 말이지만 원하는 대답은 아니다. 내가 생각하는 사춘기 자녀에게 하지 말아야 할 말은 세 가지다. 이 말은 직장의 부하 직원이나 인생의 젊은 후배들 모두에게 마찬가지로 해당된다.

'옳은 말, 좋은 말, 교훈이 되는 말'

이렇게 말하면 다들 눈을 동그랗게 뜨고 의아해한다. 왜? 이런 말들은 인생에 대해 내가 너보다 잘 알고 있다는 우월감, 남의 인생을 한마디 말로 통제할 수 있다는 착각이 전제되어 있다. 따라서 듣기

싫은 말, 반감을 사는 말, 마침내 효과 없는 잔소리가 된다. 어른으로서의 조언은 상대가 들을 준비가 되었을 때가 아니면 옳은 말일수록 반감을 사기가 더 쉽다.

그들도 우리처럼 실패 속에서 스스로 배우며 인생을 알아갈 것을 믿어야 한다. 아끼는 자녀와 후배들을 아무 어려움 없는 탄탄대로를 걷게 하겠다는 마음으로 이것은 이렇고 저것은 저렇다고 미리미리 모든 위험에서 건져 주려 한다면 우리가 그들에게서 빼앗는 것은 위험이 아니라 인생 자체다. 시고 달고 짜고 매운 인생의 감칠맛을 다 빼 버리고 단맛만 맛보는 것이 인생일까? 그게 가능하기는 할까? 오히려 인생의 맛을 볼 미각까지 뺏는 셈이다. 눈치 빠른 젊은 세대에게 잔소리꾼이나 꼰대로 찍히지 않으려면 옳은 말은 발밑에 내려놓아야 한다.

4부

성장의 기술

괴물이 튀어나올 땐?

　스트레스를 쌓아두고 감정을 관리하지 못하면 어느 날 내면의 괴물이 통제력을 뚫고 분출해 버릴 수도 있다. 평소라면 결코 하지 않을 말과 행동을 하고 나면 그 여파는 강하고 길게 간다. 이런 내면의 괴물이 부풀어 올라 뚫고 나오지 않도록 하려면 어떻게 해야 할까?

　고객관리 부서에 근무한 지 3년차가 되었다. 이제 업무에 웬만큼 적응도 되었고 내 밑에 신입 직원도 받아서 회사 생활에 탄력이 붙을 시점인데 석 달 전 난데없는 복병이 나타나 내 회사 생활을 산산이 조각내고 있다. 웬만한 불량 고객은 저리 가라 할 정도의 진상을 상사로 모시게 되고 말았다. 나도 세상 모든 상사는 다 힘들다는 것 정도는 안다. 하지만 못된 상사의 종합 선물 세트가 바로 우리 과장이다. 자기는 별 능력도 없으면서 사사건건 지적질을 하고 책임질 일은 미꾸라지처럼 빠져 나간다. 근무 시간에는 어디 있는지 잘 파악도 안 되다가 퇴근 시간이 다가오면 도끼눈을 뜨고 나타나서 '자, 이제부터 일 좀 하자'는 식으로 버티고 앉는다. 뭐 이 정도는 참을 수 있다. 힘들기는 하지만 앞으로의 직장 생활에 예방 주사 맞는 셈 치고 버티면 되니까.

최악의 사건은 얼마 전에 일어났다. 이 상사가 말 그대로 미친 것이 아닌가 싶을 정도로 사무실을 들러 엎었다. 다들 쓸데없는 야근에 열 받아 있던 차에 눈치 없는 내 신입이 그만 일을 저지른 것이다. 그날 아침부터 저기압인 과장을 다들 조심하고 있었는데 우리 신입이 짜증스러운 표정으로 말대꾸를 해 버린 것이 화근이었다. 서류를 집어던지고 눈이 돌아가 소리를 지르고 막말을 해 대는데……. 아휴, 나는 몸이 얼어붙는 줄 알았다. 사람이 어떻게 그럴 수가 있을까? 한 사무실에서 근무하는 동료한테 말이다. 사표를 내겠다고 난리를 치는 신입을 어르고 달래는 것도 힘들었지만 사람의 밑바닥을 보고 만 기분, 그런 일이 또 언제 터질지 몰라 살얼음판을 밟고 선 기분. 이런 조마조마한 마음으로 회사 생활을 지속할 수 있을까? 신입보다 내가 먼저 나가떨어지는 게 아닌가 싶어 불안하다. 어떤 때는 마음이 갑갑한 게 이러다 어느 날 나도 모르게 우리 상사한테 막가는 말이라도 하는 게 아닌가 걱정이 된다.

조용하고 인내심 강한 사람이 어느 날 다른 사람처럼 구는 경우는 대개 위태위태한 불안을 더는 견디지 못하게 될 때 일어난다. 우리도 가끔 내부에서 설명할 수 없는 것들이 부글부글 용솟음칠 때가 있고 자신의 생각과는 정반대로 상황을 악화시키는 방향으로 치달을 때가 있다.

이런 무서운 '낯선 괴물'을 잘못 다스려 밖으로까지 튀어나오게 하면 매스컴을 타는 경지는 못 되더라도 주변 사람들이 '못 말리는 진상' 리스트에 내 이름을 올리는 것은 시간문제다. 이 '낯선 것'이 폭발하는 것은 매우 위력적이어서 한 번의 사건으로도 오래도록 남의 말에 오르내리는 주인공이 되고 자신에게도 깊은 상처를 남긴다. 여기서 우리는 두 가지 문제를 다루어야 할 필요를 느끼는데, 첫째는 내 속에 사는 위력적인 이것을 어떻게 다스리느냐는 것이고, 다음으로는 현재 '낯선 것'에 사로잡혀 자신을 잃어버린 사람을 만났을 때 어떤 것이 바른 대처인가 하는 것이다. 눈앞의 상사가 갑자기 이성을 잃고 불량 고객이 되어 괴물처럼 행동한다면 그를 어떤 눈으로 보아야 할까? 아마 한번 보고 말 불량 고객보다 더 당황스러울 것이다. 일이 수습되어 악몽의 시간이 끝났다 하더라도 그 여파를 어떻게 견뎌야 할까? 언제 다시 이런 일이 일어날지도 모른다는 불안, 인간적인 실망감, 그런 일을 속수무책으로 당한 자신에 대한 분노가 뒤섞여 불편한 감정은 그 상사와 눈 마주치기조차 어렵게 할지도 모른다. 더욱이 평소에도 그리 달갑지 않은 성격의 소유자였다면 이제 그만 그 사람을 내 인생 밖으로 내쫓고 싶을 것이다.

통제력을 잃은 고객이나 상사를 바라보는 시각은 결론부터 말하면 이해와 연민이다. 보살펴 주지 않으면 자기도 모르게 내면의 괴물이 튀어나오는 것은 인간 누구나가 가진 한 측면이라는 이해의 시선, 당신도 어지간히 어렵게 세상을 견디는 약한 사람이라는 연민의 시선 말이다.

　현장에서 잔뼈가 굵은 서비스의 고수들이 이런 사람들을 능란하게 다루는 이유는 괴물의 파괴적인 모습 뒤에 숨겨진 안쓰러움을 볼 수 있기 때문이다. 사람은 굳이 말하지 않아도 눈빛으로도, 에너지 파장으로도 의사를 전달한다. 도저히 달래질 것 같지 않던 폭발 중인 고객들이 고수들 앞에서는 스르륵 가라앉는 이유다.

　상사가 괴물에서 인간으로 돌아왔어도 그를 볼 때마다 도무지 제대로 된 인간으로 보이지 않는다면 직장은 아슬아슬한 줄타기 공간이 되고 만다. 이런 마음이 괴로워 얼른 떨쳐 버리려고 일부러 너스레를 떨며 분위기를 띄우려 부자연스럽게 굴 필요는 없다. 이해와 연민의 관점을 가진다면 내 마음이 저절로 가라앉는다. 평화로운 마음은 상사에게도 어떤 식으로든 전달이 된다. 먼저 마음의 평화를 구하라는 모든 종교의 가르침은 공허한 말이 아니다. 우리에게 종교적 신앙이 있든 없든 우리는 그저 같은 인간으로서의 부족함을 수용하는 것으로 상사와 다시 자연스럽게 눈 맞춤을 할 수 있다.

나도 내가 두려워

감정 노동은 자신의 감정을 통제하는 직무인 만큼 정신적인 에너지 소모가 심한 노동이다. 어제 실연을 당해 울고 싶은 심정이더라도 '고객님, 무엇을 도와 드릴까요?' 하고 웃어야 한다면, 아픈 아이를 떼놓고 마음이 무거운데도 '고객님, 사랑합니다. 오늘도 행복하세요.' 라고 명랑한 목소리를 내야 한다면 혼신의 힘을 다해 연기하는 배우와 다를 바가 없다.

감정 노동이 주요 업무인 부서에서 사원들의 무대 뒤로의 도피 행동, 즉 프라이버시가 침해되지 않는 휴식이 보장되도록 각별한 노력을 기울여야 하는 이유가 여기 있다. 개인적으로도 긴장을 풀고 느긋한 기분으로 쉴 수 있는 여유 시간과 자신의 감정을 솔직하게 표현할 수 있는 친밀한 인간관계를 확보하는 일이 꼭 필요하다. 관계의 긴장을 늦추지 못하는 시간이 누적되거나 자신의 솔직한 감정을 표현하는 기회를 자꾸만 뒤로 미루게 되면 어느 날 문득 낯설기 짝이 없는 존재를 만나 그가 바로 자신이라는 사실에 깜짝 놀라게 될 것이다.

심리적 압박을 받는 일을 앞두고 있거나 해내야 할 일이 있지만 엄두가 나지 않아 미루고 있을 때 사람들은 불안감이나 자신에 대한 실망감을 떨쳐 버리려고 갑자기 대청소를 한다거나 밀린 다른 일에 돌진하기도 하는데 현명한 일이 아니다. 정신적·신체적 에너지를 회복하기 위해서는 차라리 아무것도 하지 않으면서 쉬는 쪽이 낫다. 달콤한 음료를 마시며 음악을 듣거나 코미디를 보거나 목욕을 하며 몸과 머리를 쉬게 해야 한다. 시간이 없다고 푸념하면서 나를 위한 휴식시간을 맨 마지막으로 미루고 있지는 않은가? 일만큼 중요한 것이 휴식이다. 삶과 일은 분리할 수 없지만 삶의 주인은 바로 나다. 내가 없으면 삶도 없다.

직장 뒷담화에 대처하는 우리의 자세

고객이 아니라 직장 안의 누군가에게서 내면의 괴물이 튀어나와 휘젓고 나면 후유증이 남는다. 무성한 '직장 내 뒷담화'가 그것이다. 우리가 내면의 괴물을 처치하는 작업을 완결 짓기 위해서는 직장 내 뒷담화에 임하는 올바른 자세가 무엇인지 정립해 둘 필요가 있다. 우리 인생에서 뒷담화를 잘 다룬다는 것은 인간으로서 한 단계 성장한다는 것과 다름없다. '뒷담화는 나쁘다, 안 하는 것이 상책이다'는 단순한 태도로는 복잡한 인간관계를 제대로 헤쳐 나가기 어렵다. 누군가 내 뒷담화를 할 때도 마찬가지다. 성숙한 대응을 갖추지 않는다면 며칠 밤을 새고도 상처를 치유하기 어려울 것이다.

"절대 해서는 안 되는 얘기가 없는 사람 뒷얘기입니다. 난 누구라도 그런 말을 하는 사람이 있으면 따끔하게 한마디 합니다. 그런 얘기 그만하라고. 너라면 누가 뒤에서 네 얘기하면 좋겠냐고."

반박의 여지가 없는 옳은 말이다. 그러나 이런 말로 분위기를 싸늘하게 만드는 이 사람을 잘 살펴보면 가까운 친구나 동료가 없을 확률이 높다. 틀린 데가 하나도 없는 도덕적인 말이지만 현실성이 떨어지기 때문이다. 때로는 그 자리에서 그런 말을 한 바로 그 당사자가 다른 곳에서 '누구는 남의 말을 너무 심하게 한다'고 뒷말을 하기도 한다.

남의 말을 하지 않는 것이 왜 그리 어려울까? 우리가 주고받는 말의 상당 부분이 남의 말이기 때문이다. 자신의 내면을 통찰한 얘기, 서로의 인생관에 관한 의견이 바람직한 대화의 주제지만 깊이 있는 대화가 늘 가능한 일이 아니다. 심도 깊은 대화에 도달하기 전 워밍업으로 하게 되는 얘기는 주로 남의 얘기다. 우선 남의 얘기는 재미있다. 자기 내부를 공개하지 않고도 견해를 표현할 수 있고 뒷말을 나누는 사람 사이에 친밀도와 연대감을 높여 준다. 남의 경험을 통해 인생에 관한 유용한 정보를 얻기도 하고 시야를 넓히기도 한다. 사회에 따라 남의 평판에 대한 정보는 생존과 직결되기도 한다. 유발 하라리Yuval Noah Harari는 저서 〈사피엔스〉에서 뒷담화하는 사피엔스의 능력이 바로 문화의 견인차였다고도 표현한다. 남 얘기하는 일에 지나치게 알레르기 반응을 보일 일도, 죄책감을 느낄 일도 아니다.

다만 몇 가지 원칙을 지키지 않으면 구설수의 복잡한 관계에 얽혀들어 직장과 인생이 꼬이는 낭패를 보는 수가 있다. 특히 여성이 대다수인 콜센터나 보험 영업 같은 조직에서 관리자들이 골머리를 앓는 문제도 바로 직장 내 뒷담화로 인한 구설수를 정리하는 일이라고 한다. 자칫 '뒷담화의 화신'이라고 찍히게 되면 어마어마한 에너지를 쏟아도 회복이 어렵다. 뒷담화는 안 하려고 해도 안 할 수가 없다. 그러므로 안전하고 매너 있는 뒷담화의 원칙을 알아야 한다.

뒷담화에 필요한 것은? 줄자

뒷담화의 첫 번째 원칙은 거리의 원칙이다. 인간관계는 아주 친밀하고 허물없는 관계에서부터 인사만 나누는 관계까지 다양하다. 뒷담화의 강도는 관계의 거리와 반비례해야 한다. 거리가 먼 사람의 일을 가까운 사람과 공유할 수는 있지만 그 반대의 경우는 곤란하다. 남의 말을 하다 봉변을 당하는 사람은 대개 이 거리의 법칙을 어기는 사람이다. 무척 가까운 사이에서 털어놓은 이야기를 아무에게나 전한다는 사실이 확인되면 그 내용이 치명적인 것이 아니라도 신뢰가 무너진다. 이 원칙을 자주 깨는 사람이라면 대화를 나누는 것이 아니라 입이 간지러워 참지 못하는 사람이라는 비난을 받을지도 모른다.

가까운 친구 사이에서 일어난 일을 약간 거리가 있는 집단에서 떠벌려서는 안 된다. 베스트 프렌드 사이에서 나눈 일이라면 그 누구에게도 말하지 않는 것이 원칙이다. 그러면 둘 사이의 우정의 성은 더없이 견고하게 쌓일 것이다. 더욱이 베스트프렌드의 비밀이나 부정적인 요소는 어디서도 발설하지 않아야 한다. '아무에게도 이런 말은 하지 마.' 같은 말이 필요 없을 정도로 서로가 서로를 알아서 가려 준다는 믿음이야말로 무너지지 않는 관계의 초석이다.

만약 어느 자리에서 누군가가 내 베스트 프렌드의 험담을 한다면 어떻게 해야 할까? 내가 그 사람의 가까운 관계라고 밝혀야 한다. 마치 상관없는 사람처럼 듣고 있다가 베스트 프렌드에게 전해 준다면 두 사람 모두에게 상처를 준다. 오래 가는 친구 관계는 친구를 자신처럼 여기는 것이다. 이 원칙은 직장 내에서도 똑같이 적용된다. 업무 내에서의 가깝고 먼 위치, 개인적인 친밀도 모두를 적용해 거리의 원칙을 적용해야 한다.

딱 한 가지, 당사자에게 전하지만 않으면

두 번째는 뒷담화를 당사자에게 전해서는 결코 안 된다는 것이다. 뒷담화가 문제가 되는 대부분의 경우는 바로 이 원칙을 깬 경우다. 이 원칙을 깨려고 할 때는 다음 질문에 답할 수 있어야 한다.

'이 말을 전해서 양측에서 일어나는 모든 책임을 내가 질 것인가?' 그렇지 않다면 입을 다물어야 한다. 충고라는 미명 아래 '나한테 들었다고 하지 마. 너 이런 욕먹고 있어. 나니까 너한테 알려 주는 거야.'라고 한다면 무책임하게 평지풍파를 일으키는 사람이다. 정말 충고가 필요한 일이라고 판단한다면 '내 생각에 너는 이런 부분을 고쳐야 할 것 같아.'라고 말해야 한다. '다른 사람이 그러는데 넌 이런 문제가 있대.'라고 하는 것은 아무 책임도 지지 않고 상대방을 악몽 속으로 몰아넣는 일이다.

혹시라도 누군가 내게 와서 '나 너에 대한 소문 알고 있는데 그 소문을 말한 당사자한테 따지지 않겠다면 말해 줄게.'라고 한다면 단호하게 거부해야 한다. 그 사람이 진정한 나의 친구인지도 재고해 볼 필요가 있다. 기껏 생각해서 욕먹지 말라고 전해 주었더니 결국 참지 못하고 가서 따져서 나를 곤란하게 만들었다고 상대를 비난할 생각인가? 몰라도 한참 모르는 소리다. 상대에게 고통스러운 사실을 전해 놓고 본인의 즐거움을 지켜 달라고 말하는 참이다. 만약 꼭 전해 주고 싶다면 '이 말을 누구한테 들은 거야?'라는 문제가 불거졌을 때 '바로 나야, 이런 이유 때문에 전해 줄 수밖에 없었어.'라고 말할 자신이 있어야 한다. 그럴 계획이 아니라면 결코 결코, 당사자에게는 말하지 말라. 허무맹랑한 헛소문이라면 당사자에게 전하지 말고 당신이 해명해 주는 것으로 끝내라. 인생의 평화를 깨고 싶지 않으면 이 원칙은 꼭 지켜야 한다. 뒷담화를 당사자에게 전하는 것은 남의 평화를 깨는 행동이다. 자신의 평화를 바랄 자격이 없다.

혹시라도 당신 인생에서 뒷담화 사건이 불거진다면 누가 가장 나쁜 사람인지 헷갈리지 말고 기억하라. 당사자에게 전한 사람이 제일 나쁘다.

너도 나도 누구나 뒷담화

세 번째 원칙은 누구나 남의 말을 한다는 사실을 받아들이는 것이다. 공자님, 예수님, 부처님도 남의 사례를 들며 제자들을 가르쳤다. 우리는 자기 말을 자기 귀로 듣지 않기 때문에 자신이 얼마나 남의 말을 많이 하는지 모를 뿐이다. 자신이 한 말을 곰곰이 따져 보면 내가 얼마나 남 얘기를 하는지 알고 화들짝 놀랄 것이다.

우리 모두가 어느 정도는 남 얘기를 하며 살 수밖에 없다는 사실,

이런 인간의 약점을 이해해야 내가 남의 화젯거리로 올랐을 때도 힘들지만 받아들일 수 있다. 두 번째 원칙을 어기는 것이 최악이라고 말했지만 아쉽게도 우리 주위에는 이런 사실을 모르는 사람이 있고 악의적인 경우가 아니라 해도 우리는 누군가 내 얘기를 하고 있다는 사실을 알게 될 때가 있다. 좋은 얘기라 할지라도 남들의 화제에 내가 올랐다는 것은 불쾌하다. 심지어 그 내용이 사실과 다르고 나를 음해하는 내용이면 밤잠을 설치게 된다. 만약 그 내용이 법적으로 혹은 공개적으로 다루어야 할 정도로 치명적인 것이 아니라면 우리는 '사람은 누구나 뒷담화를 하는 존재'라는 사실을 받아들이는 것으로 자신을 위로해야 한다.

남들이 나를 어떻게 볼지는 그들의 소관이니 내가 개입할 여지는 어차피 없다. 그 점에서는 우리 모두 똑같은 입장이니 너그러이 넘어가야 한다. 만약 내가 직장 상사라면 직원들이 나를 화젯거리로 여길 수 있다는 것 정도는 접고 들어가야 한다.

세상에 떠도는 말과 사실의 거리

네 번째 원칙은 뒷담화가 모두 사실이 아니라는 점을 아는 일이다. 전하는 사람의 편견, 오해, 착각이 개입되는 것이 뒷담화다. 그런 만큼 확인되지 않는 얘기에 지나치게 흥분하고 집착하지 않도록 주의해야 한다. '저런 소문이, 저런 의견이 있구나.' 정도에서 끝나야 한다. 거기다 양념을 쳐 가며 부풀릴 일은 아니다.

지인 가운데 학벌과 배경이 쨍쨍한 사람들을 다 제치고 어렵다는 대기업 이사직에 오래 버티고 있는 사람이 있다. 유독 학연이 강하다는 집단에서 가방끈 짧은 그가 어떻게 살아남았는지 궁금했는데, 어느 날 그분이 이런 얘기를 했다.

"어휴, 사람들은 어떻게 그리 남의 얘기들을 귀신같이 알아내는지 참 신기해요. 내 직속 상사였고 나를 가르치신 분이라 나는 지금도 퇴직한 그분과 잘 지내고 있는데 허참, 그분이 바로 내 아래 직원이랑 불륜관계였다는 걸 최근에야 알았어요. 더 황당한 건 당시에도 다들 그 사실을 알고 난리가 아니었대요. 내가 여태껏 몰랐다니 다들 경악을 하더라고요."

평소의 쾌활한 성품도 호감의 원인이었겠지만 남의 소문 같은 것에 귀를 쫑긋 세우지 않는 듬직함이 회사를 오래 다닌 비결이 아니었을까?

뒷담화는 어디까지나 뒷담화다. 사실로 확인되기 전까지는 설에 불과하다. 거기에 시간을 너무 낭비하지 말자. 뒷담화는 가볍게 즐기는 것이지 목맬 일이 아니다. 남의 뒷담화에 지나치게 촉각을 세우거나 '나는 정보가 풍부한 사람'이라는 것을 내세우려고 온갖 뒷담화를 다 꿰고 다니는 이를 좋아할 사람은 많지 않다.

사람들은 당신에게 그리 관심이 없어

마지막으로 기억해야 할 원칙이라면 사람들은 당신에게 그리 큰 관심이 없다는 사실이다. 우리 대부분은 누군가가 자신에 대해 뒤에서 수군댄다는 사실을 알게 되면 밤잠을 못 이루고 속상해한다. 세상 모든 사람이 자신을 보고 수군거리는 것이라고 확대해서 생각하기도 한다.

하지만 사람들은 당신에게 그리 큰 관심이 없다. 당신뿐 아니라 사람이란 타인에게 그리 큰 관심을 기울이지 않는 존재다. 당신에 관한 뒷담화는 그저 술자리에서 안주로 쓰였을 뿐이다. 그 자리에 있던 대부분의 사람이 당신이 누군지도 모르고, 안다고 해도 5분만 지나면 그 이야기의 주인공이 누구인지 까먹게 된다. 당신과 잘 알고 있거나 평소에 당신과 감정이 좋지 않던 사람 말고는 그 뒷담화를 기억하지도 못한다. 여기에 솔깃해서 흥분하는 사람은 이 뒷담화가 없었어노 어차피 당신과 좋지 않았을 사람들이다. 당신과 애틋한 관계였는데도 그런 뒷담화 한 편으로 당신을 멀리할 사람이라면 그 역시 어차피 당신의 친구가 될 인연이 아니다.

세상 사람들은 타인에 별 관심이 없다. 그저 지나가는 바람처럼 흘러가는 물처럼 많은 이야기 속에 당신의 물 한 방울이 포함된 것뿐이다. 당신이 그것을 붙들고 늘어져 확대시키지만 않는다면 팬들이 떼 지어 따라다니는 연예인이 아닌 한, 당신 얘기에 사람들이 오래 흥미를 느끼지는 않을 것이다. 재미있는 뒷담화거리는 늘 새롭게 제공되기 때문에.

나의 무기는 천진함

쿵푸 팬더나 뮬란 같은 디즈니 무협 만화영화를 보면 무술의 고수가 되기 위해서는 수를 뛰어넘는 무언가가 항상 필요한 것으로 나온다. 뛰어난 무술 실력만으로는 넘을 수 없는 벽, 영화에서는 바로이 부분이 재미와 반전의 요소로 작용하는데, 트라우마를 극복하는것이든 복수의 마음을 내려놓는 것이든 대체로 인간적인 소박한 어떤 요소가 바로 주인공의 무술을 완성시킨다. 그리고 그런 깨달음은대체로 어릴 때부터 사부님이나 부모님으로부터 늘 받아 온 어떤 가르침, 아주 기본이 되는 평범한 것인 경우가 많았다. 이론과 기술을익히되 마침내 그것에서 벗어나 어린아이 같은 마음으로 돌아갈 때무술이 완성된다는 영화들의 메시지는 의미심장하다.

'백화점 고객 상담부에서 근무한 지 3년차다. 직장에서 성공하는 것은내 인생의 의미 있는 목표 가운데 하나다. 이왕 회사에 들어왔으면 최선을 다해 일하고 인정도 받고 승진도 빨라져서 언젠가는 최고의 위치에 올라 보자 이런 생각이다. 이렇게 의욕 넘치고 최선을 다하시면 결과가 언제나 좋은 것은 아니다. 도저히 내 힘으로 해결 안 되는 고객을 만나곤 한다. 그런 고객은 결국 우리 매니저님이 받게 되는데 맥빠지게도 내가 아무리 용을 써도 해결하지 못한 고객을 그분은 몇 분 안에 웃으며 돌려보낼 때가 많다. 존경스럽기도 하고 화가 나기도 한다. 도대체 이유가 뭘까? 시간이 난 때마다 배우려고 자세히 보지만 잘 모르겠다. 특별히 나보다 더 친절하거나 말을 잘하는 것 같지도 않다. 고객에게 먹히는 그 알 수 없는 포스, 어떻게 해야 내게도 생길 수 있을까?'

매장이 떠나갈 듯이 소리를 고래고래 지르다가 점장이나 중간관리자가 와서 몇 마디 나누면 실컷 울고 난 아이처럼 조용해지는 고객이 있다. 맘껏 소리를 지르고 난 후라 이제나저제나 사그라질 핑계를 찾고 있어서 그랬을 수도 있고, 점장의 포스에 움찔해서 그럴 수도 있다. 불량 고객일수록 포스에 살고 포스에 죽는다.

불량 고객들은 직원 눈빛만 봐도 몇 단의 내공을 소유하고 있는지 견적을 낸다. 그러니까 억울하면 성장해야 한다. 억울하면 내공을 쌓아야 한다. 내공이 쌓이면 눈빛만으로도, 목소리만으로도 일단 먹고 들어간다. 막말로 '찐따'들이 쉽게 들러붙지 않는다.

불량 고객을 단숨에 제압하는 내공의 눈빛과 포스는 어떻게 만들까? 우선 고객을 빨리 해결하고 다른 뭔가를 하려는 머릿속 생각을 지우는 것부터 시작한다. 고객이 내 앞에 있는 동안 혹은 나와 통화를 할 동안은 오직 이 고객에게만 온 마음을 둔다는 심정으로 대할 때 포스가 제대로 방출된다.

'이 진상이 또 왜 이러시나, 재수 없이 30분은 시달리게 생겼네. 이러다 점심도 못 먹는 거 아냐? 매니저 들어오기 전에 어서 떼밀어 보내야지.'

이런 생각을 하게 되면 고객의 말에 고개를 절레절레 흔들고 어이없어하고 코에서 뜨거운 김이 팍팍 나오는 반응을 한다. 여기서 고객도 우리의 초조하고 불안한 마음을 재깍 알아채고 공격 수위를 한 단 올리기로 작정한다.

그런 대접을 받고 좋을 사람은 없다. 자기는 특별히 무시하는 말이나 불친절한 말을 한 적이 없다고 항변하겠지만 사람과 사람 사이에 저절로 전해지는 기운으로 이미 상대방은 마음이 상해 버렸다. 미국의 전직 대통령인 빌 클린턴의 측근이 이런 인터뷰를 한 적이 있다.

"빌 클린턴을 평가하는 시각이야 제각각이지만 적어도 그가 대단한 매력의 소유자인 것만은 확실합니다. 그와 이야기할 때면 그가 오직 내게만 집중해 준다는 느낌, 온 마음을 기울여 내 얘기를 들어 준다는 느낌을 받거든요. 나만 그런 게 아니라 그를 만나는 사람들의 공통적인 느낌입니다."

가장 매력 있는 인간관계 기술은 화려한 말발도, 세련된 제스처도 아닌 오직 내게만 집중해 주는 몰입이다. 만나 주는 시간이 짧아도 온 마음을 다하는 그 자세가 감동을 낳는다. 우리 모두는 바로 이런 대접을 원한다. 나한테 온 마음을 다하지 않고 어떻게든 자기가 정한 결말로 이끌려는 의도만 있는 서비스로는 감동의 포스가 발현될 수 없다.

고객뿐일까? 나를 만나러 나온 친구가 연신 휴대폰을 들여다보고 누군가와 통화를 하며 대화를 끊어 놓는다면 다음에도 저 친구를 만나야 하나 망설여진다. 모임 때마다 과시라도 하듯이 바쁜 척을 일삼는 것은 나는 대통령보다 바쁜 사람이니 나를 쉽게 불러내지 말라는 뜻으로 읽힌다.

후배에게 곤충이라면 눈을 초롱초롱 빛내는 아들이 있는데 유리병에 개미를 담아놓고 하루 종일 뚫어져라 관찰하는 그 녀석이 신기해서 후배와 웃곤 했다. 또 언젠가는 징그럽게 꿈틀대는 지렁이를 통에 담아 와서는 하도 재미나게 쳐다보기에 아이한테 왜 그러는지, 무섭지는 않은지 물어 보았다. 아이는 눈을 동그랗게 뜨고 이렇게 말했다.

"에? 얼마나 귀여운데요. 보세요!"

나는 순간 아이가 얼마나 사랑스럽던지 꼭 안아줄 수밖에 없었다. 그리고 그때만큼은 지렁이가 좀 예뻐 보이기도 했다. 우리가 이런 어린아이와 같은 마음으로 산다면 우리도 행복하고 우리에게 응대 받는 고객도 행복할 것이다.

고객의 불만 사항에 귀가 번쩍 뜨이는 표정으로 '네에? 그런 일이 있었어요?' 하며 온 마음을 다해 들어 주고, 고객이 느끼는 것과 똑같은 마음으로 발을 동동 구르고 위로하는 자세 말이다. 사실 내가 만나고 통화한 대부분의 서비스 직원들은 거의 이런 자세를 보여 주었다.

내게는 그저 골치만 아픈 고장 난 컴퓨터를 눈을 반짝이며 뜯어보며 신나하는 수리기사를 만날 때. 이제 그만 쓰레기통에 넣어 버릴까 하다 가져간 낡은 구두를 귀하게 쓰다듬는 구둣방 할아버지를 만날 때, 냄새나는 내 썩은 이를 보석처럼 이리저리 살펴보는 치과의사를 만날 때 우리는 존경심으로 마음이 훈훈해진다. 평생을 만져 왔을 치아를, 컴퓨터를, 구두를 오늘 처음 만난 귀중품처럼 바라봐 주는 그들에게서 우리는 넘치는 포스를 느낀다. 어린아이처럼 살라는 말이 포스를 지니라는 말과 상반된다고 생각할 수도 있다. 하지만 이 두 말은 정확히 같은 말이다.

내가 아는 대형 프랜차이즈 식당의 매니저도 그런 사람이다. 사람이 많은 곳에 오래 있는 것을 잘 못 견디는 나로서는 그의 직업이 무척 피곤할 것 같았다. 그래서 그가 하는 말이 참 신기했다.

"사람이 다 비슷해 보이죠? 한 사람 한 사람 얼마나 다른지 모릅니다. 저는 그렇게 다른 사람들과 일일이 눈 맞추는 일이 무척 즐겁습니다. 그분들이 뭘 원하는지 제 눈에 다 보이는 것도 신나는 일이고요."

고객이 오면 설레는 마음으로 관찰하고, 고객이 하는 말에 우와! 맞장구치고 온 마음을 쏟아 몰입하는 것. 이것이 바로 해맑은 어린아이이면서 포스 당당한 어른이다.

가까운 불량 고객들

가끔 차를 마시러 모이곤 하는 집의 안주인은 살림을 참 예쁘게 하는 사람이다. 이웃끼리 간단한 다과를 하는데도 은 접시에 과일을 담고 커피는 마시기가 송구스러울 정도의 잔에다 부어 준다. 한때 스튜어디스로 근무한 적이 있다더니 고객 접대가 몸에 밴 듯했다. 그런데 얼마 전부터 막 접시에 막 잔에다 다과를 내주기 시작했다. 응? 우리가 뭐 서운하게 했나? 오지 말란 말인가? 이런 우리 반응에 지인의 대답이 신선했다.

"이제부터 내 고객은 손님이 아니라 가족이라고 마음먹었어요. 가족한테 제일 깍듯하게 하려고요. 가족한테 제일 예쁜 그릇에 담아 주고 가족한테 제일 친절하게 할 거예요. 손님은 그냥 편한 대로 하고요. 이거 싫은 사람 이제 우리 집에 못 옵니다. 하하."

맞다. 고객 중의 고객은 가족이다. 남한테 잘하느라 진 다 빼고 정작 내 인생에서 가장 중요한 가족한테 막 대하며 '가까우니 이해하겠지.' 하는 것만큼 어리석은 일도 없다. 손님인 우리는 오히려 싸구려 그릇이 마음 편해서 더 자주 그 집에 모이게 되었다.

가족이 가장 소중한 고객이라는 그녀의 현명한 생각에 토를 다는 사람은 없을 것이다. 문제는 가족 고객님 또한 우리를 강도 높은 감정 노동에 시달리게 하는 불량 고객일 때도 많다는 점이다. 고객들에게서 받는 스트레스는 친밀한 사람들의 지지 가운데 해소되기가 쉽다. 그러나 사랑하는 사람들과 겪는 갈등은 삶의 질을 떨어뜨린다. 불량 고객보다 더 깊은 상처를 주는 이들, 가까운 불량 고객들은 어떻게 대응해야 할까?

직장에서 유난히 힘든 일이 많아 간절히 휴식과 위로가 필요한 날이 있을 것이다. 지친 몸을 이끌고 집에 도착했을 때 거기에 또 다른 불량 고객들이 우리의 인내심을 시험이나 하듯이 기다리고 있을지 모른다. 옷가지들은 거실 바닥에 나뒹굴고, 숙제는커녕 책가방도 풀지 않은 채 게임기에 코를 박은 아들, 과자봉지를 늘어놓고 TV 속 아이돌에게 넋을 뺏긴 딸이 우리의 진을 단숨에 빼놓을 수 있다. 엄마의 고생을 알아주고 위로를 하기는커녕 상처에 소금이라도 치려는 이들이 바로 내 가족일 수 있다.

"이거 당장 안 치워? 아이구, 내 팔자야. 도대체 내 생각해 주는 인간은 이 세상에 하나도 없어. 이리고도 내가 고생고생하며 니들을 키워야 하는 거야?"

밀려오는 고단함과 서운함으로 소리를 지르지만 머릿속 한편으로는 이게 아닌데, 이런 엄마가 되려는 게 아니었는데, '엄마, 미안해.'

한마디만 하면 나도 '아냐, 엄마가 심했어.' 하고 사과해야지 하며 갈등한다. 아이들이 기대와 달리 그저 슬금슬금 내 눈치를 보는 것도, 한편으로 눈을 흘기며 자기들 방으로 숨어 버리는 것도 다 보이지만 더 소리칠 기력도 없는 내게 휴대폰 문자가 딩동 온다. 남편이다.

'나 오늘 늦어. 모처럼 동창 녀석들이랑 달리는 날이니까 많이 늦을 거야. 애들 잘 챙기고 내일 입을 와이셔츠 다려 놓는 거 잊지 마.'

울컥 눈물이 난다. 왜 세상은 나에게만 쉴 틈 없이 가혹할까? 이 뻔뻔한 불량 고객들은 서비스 현장에서 만나는 진상 고객보다 더 내 심장을 후벼 파고 나를 슬프고 외롭게 한다.

초등학교 교과서가 요즘은 많이 바뀌었지만 가정생활에 관한 그림이 오랜 세월 일정했다. 부모님과 아이들, 때로는 조부모가 함께 모여 음식을 나누며 하하 호호 가족 모두 생기가 넘치거나 적어도 어머니는 언제나 가족을 챙기며 상냥하게 집안일을 하고 있다. TV 드라마도 거의 엇비슷하다, 행복한 가정으로 상징되는 집은 하나같이 아이들은 부모의 고생에 감사를 표하고 남편은 회사 일에 지쳤지만 다정하고 아내는 언제나 식구들을 챙길 에너지가 남아돌아 미소 짓는다. 반대로 불행한 가족은 편부모 가정이거나 엄마가 집에 와도 지쳐서 쩔쩔매거나 애들은 부모에게 따박따박 말대꾸를 한다.

세상이 바뀌고 엄마들이 거의 바깥일을 하고 고분고분한 아이란 찾아보기 힘든 현실에서도 사람들의 머릿속 그림은 여전하다. 그러니 자기 가정은 완벽한 그림과는 거리가 먼 가정이라고 느낀다. 평범

하고 건강한 몸매의 여성들이 기형적으로 길고 마른 모델들의 몸매를 보며 자신은 영 부족하다고 느끼는 것과 같다. 서로 하하 호호 웃으며 모두가 둘러앉아 음식을 나누고, 집안은 정갈하게 정리된 집. 그런 집이 아닌 우리 집은 행복하지가 않다고 느낀다. 그런 그림을 만들지 못하는 우리 가족과 나 자신은 자격 미달이다.

도대체 그런 전형적인 집이 과연 얼마나 될까? 가족 관계는 몇 년 사이에 급속도로 변화하고 있고 집집마다 제각각 다양한 문제를 안고 살아가고 있는 곳이 오늘의 가정이다. 아이들은 효성 넘치는 모범생이고, 주부는 집에만 돌아오면 불끈 힘이 솟는 슈퍼우먼으로 돌변하고, 남편은 회사와 사회관계가 아무리 고달파도 집에만 오면 딸바보 아들 바보 아내 바보가 되어야만 안락한 가정이 되는 걸까? 어떤 상황에서도 '바로 이 순간을 망쳐 버리지 않을 방법'은 없을까?

처음의 장면으로 돌아가 다른 방식으로 접근해 보자. 상황은 다를 바가 없다. 다른 날보다 유난히 지친 몸과 마음으로 집에 돌아왔고, 아이들은 엉망인 모습으로 나를 기다리고 있으며, 남편도 똑같이 염장 지르는 문자를 보낸다. 그러나 선택이 다를 수 있다. 흩어진 옷가지를 발길로 헤쳐 가며 우선은 자신을 위해 휴식처를 마련하고 말 그대로 몸과 마음을 편하게 쉴 수 있다.

"얘들아, 오늘은 엄마가 엄청 피곤하다. 어떡할까? 누가 라면이라도 끓이면? 와, 그래도 집에 와서 니들 얼굴이라도 보니 살 것 같네. 엄마 일단 좀 누울게. 저기 쟤들은 새로 나온 가수니? 우리 딸이 쟤들

보다 백배는 더 예쁘네. 아들, 게임 속에도 엄마보다 예쁜 여자는 안 나오지?"

딸이 피식 웃거나 아들이 농담이라도 걸어오면 기분이 한결 나아지지 않을까? 아이들이 기대에 부응하는 다정한 반응을 보이지 않더라도 적어도 신세 한탄과 화를 내며 자신을 들볶는 대신 자신에게 휴식이라는 선물을 한 것은 틀림없다.

남편에게는 이런 답장을 보낼 수 있다.

"당신이 오늘 달리는 날이라면 난 땅으로 꺼질 것같이 피곤한 날. 여기서 다림질을 더하면 다시는 땅 위에서 당신을 만나지 못할 듯한데, 어쩌지?"

여기서 핵심은 어떤 유머를 구사하느냐가 아니라 이 순간 나에게 필요한 것에 집중하고 가족들과 맺는 관계의 질에만 마음을 쏟는 태도다. 유머가 부족하다면 그저 '애들아 재밌니? 곁에 좀 누워도 될까? 저녁밥은 어떻게 해결할지 이제부터 의견을 모아 보자' 정도로도 충분하다. 피곤에 지친 얼굴로도 자신들에게 분통을 터트리지 않는 엄마에게 오히려 미안함을 느낄지도 모른다.

그런 식으로 애들을 가르쳐서야 어떻게 아이들이 바르게 자라겠느냐는 교육적인 걱정을 여기서 논하지는 않겠다. 이 두 불량 고객도 우리의 고객들과 마찬가지로 비난이나 교훈, 논리적인 따지기는 좋아하지도 효과적이지도 않다는 정도의 언급만 하겠다. 일하는 부부의 가사 분담에 대한 논의도 일단 제쳐 두자. 똑같은 조건에서도 오늘 저녁을 망치지 않았고, 나에게 꼭 필요한 휴식을 얻었고 열심히 일하는 이유 중의 하나인 두 불량 고객의 부아도 돋우지 않았을 뿐만 아니라, 완벽하지는 않지만 소중한 존재들과 함께 하는 편안한 시간이 펼쳐졌다는 점만이 중요하다.

이 선택은 돈이 들지도 대가를 치를 것도 없다. 어느 순간에도 '나는 내게 가장 필요한 것을 선물하겠다'는 결심, 이 순간 '내 앞에 있는 상대와 최선의 관계를 맺겠다'는 결심이면 충분하다.

관계는 현실이야

사춘기 자녀와 잘 지내느냐는 내 질문에 내 후배가 한 대답이 인상적이었다.

"애들이 살아 있잖아요. 그걸로 만족합니다. 제가 워낙 바빠서요. 살아 있는 걸 서로 기뻐하기에도 시간이 모자란다니까요, 하하."

공부하랴 직장 다니랴 바빠서 애들에게 간섭할 시간이 없다고 너스레를 떨지만 실은 아이들을 있는 그대로 인정해 주는 그녀의 교육관을 에둘러 말한 것이라 생각한다. 극단적인 표현이긴 하지만 서로 살아 있는 것에 감사하는 마음이라면 실망할 일이 많지 않을 것이다. 기대가 크면 실망도 크다. 가족이나 연인에게 큰 기대 같은 것은 없다는 사람도 은연중에 거는 기대가 있다. 대표적인 것이 다음 세 가지다.

1. 나와 의견이 같고 느낌이 같기를.

2. 내가 말하지 않아도 내 감정, 내 생각을 알아주기를.

3. 이 관계가 언제나 변함없이 영원하기를.

다이아몬드나 명품 가방을 바란 것도 아닌데 이 정도가 무슨 큰 기대냐고? 이런 기대도 없는 것이 가족이냐고? 과연 당연하고 합리적인 기대일까? 우리가 일상에서 가족과 겪는 갈등의 대부분은 작다고 여기는 이런 기대에서 시작한다.

우선 첫 번째 기대. 나와 생각과 느낌이 같다면 잘 통하는 기분이야 들겠지만 이것을 기대하고 강요하면 관계는 파탄난다. 다른 생각을 갖는 가족을 못 견뎌하는 사람들이 의외로 많다. 심지어 왜 라면을 면부터 넣지 않고 스프부터 넣느냐고 이해할 수 없다고 싸우기도 한다.

나와 다른 생각을 갖는 사람이 가까이 있기에 우리 삶은 다채롭게 발전할 수 있다. 불화가 두려워 자기 생각을 감추고 상대에게 동조만 하는 것도 바람직하지 않다. 솔직함이 결여된 관계가 편안할 리 없다.

두 번째 기대. 내 생각을 잘 표현해도 이해해 주기가 쉽지 않은데 말도 안 했는데 알아 달라니. 상대가 알아주기만을 기다리며 감정 표현을 억누르고 원망을 쌓아가다 어느 날 한꺼번에 터뜨리면 상대방은 당황하기만 할 뿐 지나가 버린 일들을 생생하게 받아들이기가 불가능하다. 조용하고 인내심 강한 양순한 사람들이 흔히 하는 기대다. 자신이 늘 남의 기분을 우선으로 하기 때문에 남들도 당연히 그래 주리라 기대하지만 가족도 남이다. 말하지 않는데도 알아주기란 쉽지 않다. 내 기분과 요구를 제때 부드럽고 솔직하게 표현하고 상대방의 의견도 받아들이는 자세가 필요하다.

마지막으로 세 번째 기대. 세상 만물이 생성하고 성장하고 소멸하는데 내 사랑하는 사람들만은 마음 변하지 말라고 할 수 있을까? 관계는 언제나 변한다. 성장하고 무르익을 수 있도록 서로 노력해야 하는 것이지 변하지 않기를 바라봐야 소용없다.

영화 〈봄날은 간다〉에서 마음이 변한 연인 이영애에게 유지태가 이렇게 말한다.

"어떻게 사랑이 변하니?"

사랑은 변하기에 강렬하고 아름다운 것이다. 그래서 가꾸어야 하는 것이 사랑이고 관계다. 불합리한 기대는 내려놓고 관계가 좋은 방향으로 변화하고 성장하도록 돌보아야 한다. '살아 있는 것만으로도 기뻐한다'는 후배의 사랑법은 내가 들은 지침 가운데 최고다.

나는 나, 너는 너

가족 관계 혹은 친밀한 친구 관계가 엉망으로 뒤엉켜 혼돈으로 가는 길목에는 친밀감에 대한 잘못된 개념이 도사리고 있다. 우리나라 가족 문화는 경제적으로는 물론 정서적으로도 독립이 부족하다. 남에게는 깍듯하고 정중하면서 가족에게는 감정적으로 가혹하게 구는 경향이 두드러진다. 역설적이게도 서로를 지나치게 밀착된 관계로 받아들이는 바로 그 지점에서 넘기 어려운 깊은 골이 시작되기 때문이다. 가족을 나와 경계가 없는 존재로 받아들여 그의 결점이 나의 결점이고 그의 실패가 나의 실패며 그러므로 나의 걸러지지 않는 감정도 공유된다고 믿는 것이다.

회사 동료의 결점보다 배우자의 결점을 더 견디지 못하는 것이 함께 있는 시간이 길어서일까? 이웃집 아이가 성적이 부진했다고 하면 공부가 다가 아닌 이유를 백 가지도 말할 수 있지만 자기 아들에게는 평정심을 잃어버리는 것이 내 아들의 미래가 그 아이의 것보다 더 중요하기 때문일까? 가깝다는 이유로, 사랑한다는 이유로, 책임을 나누는 공동체라는 이유로 나와 그가 다른 존재인 것을 인정하지 않기 때문이다.

어느 날 토크쇼에서 한 노총각 연예인이 이런 아픔을 털어놓았다. "한때 아버지에게 나는 집안의 자랑이었습니다. 고향이 좁은 시골이라 나를 모르는 사람이 없습니다. 인기 떨어지고 마흔이 넘도록 장가도 못 간 내 안부를 사람들이 자꾸 묻는 바람에 아버지가 거의 대인기피에 이를 정도가 되었어요. 아버지가 이제 결혼하기 전에는 명절에도 내려오지 말라고 하십니다. 그 바람에 몇 년간 부모님 얼굴도 못 뵈었어요. 내키지 않는 결혼이라도 하는 것이 도리일까요?"

참 딱한 일이다. 아들이 늦도록 결혼 안 한 것이 안타까운 일이라 해도 부모의 인생을 좌우할 만한 문제일까? 아들의 일은 아들에 맡기고 자신의 인생을 더 풍요롭게 가꾸는 데 마음을 쓸 수는 없을까? 결국 내 인생 그 자체라고 느끼는 아들과 몇 년간 얼굴도 못 보고 아들을 죄책감으로 힘들게 한다.

결혼 못 한, 대학 못 간, 취업 못한 자녀나 형제를 두고 땅이 꺼져라 한숨 쉬는 분들을 자주 뵙는다. 혹은 부모의 문제를 내 인생인 양 끌어안고 사는 젊은이도 의외로 드물지 않게 본다. 어머니가 불륜을 저질렀다고, 아버지가 도박 중독이거나 알코올 중독이라고 혹은 형제 중에 장애인이 있다고 마치 자기 인생이 회복 불가능한 듯이 군다. 경계가 필요하다. 아무리 사랑하는 사람이라도 다른 인격으로서의 거리가 있고 내 인생은 독자적이다.

상대방의 결정을 존중하고 한 걸음 물러서는 것이 궁극적으로 상대에게도 도움이 된다. 힘든 일 그 자체보다 그것으로 나를 닦달하는 가족 때문에 더 힘들다는 것이 진실이다.

'너는 너, 나는 나'라는 경계가 살아 있을 때 우리는 비로소 완전한 나 자신이 되는 것이 가능하다. 상대의 독립된 인격을 인정하고 자신의 고유함을 깨달을 때 고뇌에 찬 세상사 가운데서도 흔들리지 않는 안정감을 체험할 수 있다. 가족이 어려움을 겪을 때 마음 아프지만 한 걸음 물러서서 내가 할 수 있는 일을 하며 내 행복을 포기하지 않을 때 우리는 현실적으로든 심리적으로든 상대에게 실질적인 도움이 된다. 그래야 오랜 시간 그 가족의 아픔을 지켜볼 인내심도 잃지 않을 수 있다. 한 무더기로 엉켜 그 아픔에 뛰어드는 사람일수록 오래 견디지 못하고 달아나거나 함께 침몰한다.

아들이 곧 나 자신이고 내가 곧 아들이라고 생각하는 것은 사람과 사람 사이에 필요한 기본적인 거리, 경계를 지키지 않는 것이다. 그러니 아들이 결혼 못했다고 사람들을 못 만나고 부모를 위해 억지 결혼을 해야 하나 고민하는 해프닝이 벌어지는 것이다. 사랑이라는 이름 아래 모두가 불행하다.

책임감은 미니멀

　가족 관계를 힘들게 만드는 또 하나의 잘못된 고정관념은 지나친 책임감이다. '가족은 서로가 무한 책임을 져야 한다. 그렇지 않으면 냉정하고 부도덕한 사람이다.'라고 생각하는 사람이 많다. 미성년인 자녀나 생활력이 전무한 노부모가 아니라면 지나친 책임감은 관계를 망가뜨린다.

　입사한 지 2년차인 젊은 직장 여성을 상담한 일이 있다. 친구도 많고 적극적인 성격인데 어떤 관계든 가까운 관계로 발전되면 견디기가 힘들고 답답해진다고 하소연했다. 친구나 연인 관계는 말할 것도 없고 직장 파트너도 신뢰가 쌓여 개인적인 친밀도가 깊어지면 갈등 끝에 관계가 깨진다는 것이다.

　"가장 가까운 관계 가운데 힘든 관계가 있나요?"

　"엄마랑 좀 힘들어요. 아빠랑 사이가 나빠서 저한테 많이 의지하세요.

어릴 땐 엄마랑 정말 친했어요. 그런데 대학에 오고 나서부터 막상 방학이 되어 집에 내려갈 때가 되면 가슴이 답답해지는 거예요. 이러지 말아야지 하면서 엄마한테 쏘아붙이게 되고 또 그런 나한테 화가 나고 그러지 말아야지 하면서 또 싸우고. 지금도 그래요."

"엄마 인생에 어느 정도의 책임감을 느끼고 있나요? 수치를 사용해서 표현해 본다면요?"

"90% 정도? 음, 80% 이상은 될 것 같네요. 아빠도 오빠도 엄마 인생에 관심 없으니까요. 나밖엔 없거든요."

한 가지 질문을 더 해 보았다.

"그럼, 이다음에 자신의 딸은 엄마 인생을 어느 정도나 책임지면 좋겠어요?"

"글쎄요. 미래에 내 딸이요? 20% 정도? 10%? 아뇨, 내 인생을 걔가 왜 책임을 져요? 0%요."

"왜죠?"

"엄마라면 딸이 부모 일 같은데 매이지 말고 행복하길 바랄 테니까요."

"만약에 미래에 따님이 이런 엄마의 마음을 몰라주고 엄마에 대해 책임감을 많이 느끼고 자신의 인생에 즐겁게 집중하지 못한다면 뭐라고 말하고 싶어요?"

"그야, 뻔하죠. 내 일은 내 알아 할 테니까 너나 잘해."

"훌륭해요. 바로 그 말을 자신에게도 들려 주세요."

그 젊은 여성의 눈이 반짝 빛났던 기억이 난다. 나중에 그 어머니

와도 상담할 기회가 있었는데 딸이 말하기를 엄마를 믿지 못해 미안하다고 했다고 한다. 평생 엄마를 행복하게 해 줘야 할 것 같은 압박감을 느껴 오히려 엄마한테 심하게 군 적이 많았다는 것이다. 신기한 것은 이 젊은 여성뿐만 아니라 부모의 불행에 대한 과도한 책임감을 느끼는 대다수의 사람들이 미래의 자기 자녀가 가졌으면 좋겠다는 책임감은 낮은 수치로 표현한다는 점이다. 과한 책임감을 이상적으로 여기지는 않는다는 뜻이다.

가족이라 해도 책임감으로만 얽힌 관계에는 즐거움이 없다. 채권자와 채무자가 만나서 알콩달콩할 리 없는 것과 같은 이치다. 심지어 누가 지워 주지도 않은 책임감을 혼자서 무거운 십자가처럼 지고 다니며 힘들어하는 경우도 많다. 사랑하기 때문에, 그 사람이 잘못되어서는 안 되기 때문에 '힘든 역할은 내가 다 해 줄게. 너는 인생의 좋은 역만 맡으렴. 악역이나 힘든 역은 다 내가 맡고 네 인생의 걸림돌들은 내가 치워 둘게.' 같은 태도는 엄밀히 말하자면 사랑이 아니다. 상대방을 믿어 주는 마음이 없기 때문이다. 너는 능력이 없고 나에게만 힘이 있다는 마음이 깔려 있다. 아무리 무능력해 보이는 사람에게도 숨겨진 잠재력이 있고 그것을 발휘할 기회가 필요하다. 그것을 찾아 가는 것이 인생의 의미이기도 하다.

내가 대신해 주겠다는 것이 사랑일까? 자신의 두려움과 불안을 해소하려는 이기적인 태도는 아닐까? 더 극단적으로 말하자면 과대망상은 아닐까? 자신만이 세상의 문제를 해결할 수 있고 남의 인생도 내 힘으로 통제할 수 있다고 믿는 증세다.

물론 상대를 위해 노력하는 것은 분명 아름다운 헌신이고 사랑이다. 그러나 상대에 대한 믿음이 부족한 데서 오는 지원이나 도를 넘는 도움은 대체로 상대방의 인생에 악영향을 끼친다. 대학생 아들의 학점을 상담하러 교수실을 찾거나 직장인 딸의 결근을 변명하는 전화를 하는 어머니, 심지어 사위의 연인을 살해하여 딸의 행복을 보장하려는 어머니가 신문에 대서특필되기도 했다.

지금 내 눈에 어설퍼 보이더라도, 도저히 자기 힘으로는 해결할 것 같지 않은 상태라고 여겨지더라도 그 책임을 섣불리 떠맡는 것은 상대의 인생을 위해서나 관계를 위해서나 신중해야 할 일이다.

나의 뒷바라지가 적정한지 지나친 오지랖인지 헷갈린다면 가늠하는 간단한 방법이 있다. 이 헌신에서 고통을 많이 느낀다면 지나친 것이다. 헌신 자체는 고통보다 즐거움이 많지만 상대가 알아주지 않아서 혹은 내 말을 따르지 않아서 화가 난다면 그 또한 지나친 헌신이다. 아마 당신 대신 상대가 고통을 겪고 있을지도 모른다.

살아 있는 것들은 다 출렁거려

"감정 노동을 20년 이상 해 왔습니다. 콜 센터에서도 일해 보았고 판매원도 했었고 보험 영업을 한 지도 10년이 돼 갑니다. 그간 교육도 많이 받았고 제 인생관도 꽤 폭넓어졌다고 자부합니다. 세상에 대해 젊은 시절보다 더 편하게 대응하는 것도 사실입니다. 그러나 마음이란 대체 뭘까요? 어떤 땐 아, 나도 이만하면 안정되고 능력 있는 사람이구나 싶다가도, 어느 땐 걷잡을 수 없이 화가 나고 불안하고 세상이 검은 먹구름 속에 있는 것만 같습니다. 그럴 땐 이런 내가 심각한 우울증은 아닐까 싶어 두렵고 마음이 아픕니다. 고객들의 한마디 한마디가 마치 바늘로 찌르듯 상처가 되는 날이 있습니다. 이 정도 경력이면 진상 고객쯤 눈빛 한번 말 한마디로 해결할 수 있어야 하는데 나도 모르게 그들에게 말려들어가 일도 망치고 마음도 엉망진창이 되고 맙니다. 그리고는 저한테 실망하죠. 이 나이에 이만한 경력을 쌓고도 이렇게 흔들린다니 한심하기도 하고 지나온 인생이 무의미하게 느껴지기도 합니다. 젊고 가능성이 있을 때 다른 길로 가야 했던 건 아닐까, 과연 후배들에게 이 길에 매진하는 것이 의미 있다고 말해도 될까 망설여집니다. 언제나 활기차고 자신 있어 보이는 동료나 선배를 보면 부럽습니다. 저 자신이 더 작아지는 것만 같고요. 저들은 어떻게 저렇게도 굳건할까요? 왜 저는 인생에 있어서나 일에 있어서나 이렇게 마음이 왔다 갔다 나약하기만 한 걸까요?"

영화를 보면 혼란에 빠진 군중들을 이끄는 주인공은 두 부류다. 한결같은 강인함과 인품으로 사람들을 이끌고 배신자에게 뒤통수를 맞으면서도 그들까지 포용하며 마침내 살길을 찾아내는 위대한 지도자가 첫 번째 타입이다. 다음으로는 처음에는 자기 자신에게 자신도 없고 자기가 지도자가 되어야 한다고 생각지도 못하며 그저 한발 한발 자기와 가족을 위해 분투하다가 어느새 무리의 지도자로 부상하는 부류다. 그는 지도자로 부상한 뒤로도 때로 확신을 잃기도 하고 좌절하기도 하며 자기와 군중이 다르다는 생각이 전혀 없는 가운데 마침내 모두를 죽음에서 벗어나게 하는 마지막 관문을 열어 준다.

사람마다 취향이 다르지만 아무래도 우리 마음을 더 끄는 캐릭터는 후자가 아닐까? 타고난 영웅이 아닌 주인공을 우리는 자신과 동일시할 확률이 더 크다. 그리고 모두에게 언제나 영웅인 첫 번째 타입도 그 속마음까지 어떤지는 사실 알 수 없는 일이다. 강인하던 주인공이 '사실은 나도 너만큼 두려워.'라고 말할 때 관객은 더 주인공에 몰입한다.

우리는 늘 친절하기도 어렵고, 잘 준비하고 있었지만 느닷없이 뒤통수를 맞는 일도 많다. 실수할 때도 있고 실패로 돌아갈 때도 있다. 헛웃음이 나오기도 하고 어이없기도 하고 비애감이 들기도 한다.

야구에서 최우수 타자의 타율은 어느 정도일까? 3할대다. 10번 중에 3번 정도 친다는 말이다. 나머지 7번은 때리는 데 실패한다. 엄청난 몸값의 이적료를 받고 눈이 튀어나올 정도의 연봉을 받는 대스타 타자들의 타율이 이렇다는 말이다. 인기 있는 대타자들도 그러니 우리가 진상 고객을 3할대로 방어한다고 해도 그리 나쁜 점수는 아니지 않을까?

따뜻하고 너그럽게 고객을 바라보고 나 자신을 관대하게 대하리라 결심했던 내 마음의 내공은 한순간에 어디론가 가 버리고 비 맞은 새처럼 예민하게 떨고 있는 나를 만나면 모든 것이 수포로 돌아간 것처럼 느낄 수도 있다.

마음이 강철로 만들어진 것이 아닌 한, 우리는 이런 마음의 출렁임을 자연스러운 마음의 작동으로 받아들여야 한다. 강인한 사람들 역시 이런 출렁임을 겪는다. 다만 대응할 뿐이다. 마음이 생겨 먹은 것이 원래 이렇다는 것을 알고 있다면 두려움이 줄어든다. 지켜봐 주고 챙겨 주고 시간을 주면 제자리로 돌아갈 것을 믿어야 한다.

마치 제자리를 맴돌고 있는 것같이 느껴질지도 모른다. 그러나 오늘도 어제와 똑같이 세수하고 출근하고 퇴근하는 쳇바퀴 속에서 마음 또한 파도가 밀려오듯 이편에서 저편으로 움직인다고 해서 오늘이 어제와 같은 삶은 아니다. 똑같은 강도로 흐르는 물방울이지만 언젠가는 바윗돌을 뚫는다. 똑같이 밀려 왔다 가는 파도지만 언젠가는 해안선을 바꾸어놓는다.

우리 역시 한발 한발 발전하고 성장한다. 똑같이 마음의 고통이 밀려오지만 이것이 파도의 리듬임을 알기 때문에 점차 그 속에서 길을 잃지 않고 다시 썰물이 빠질 때를 기다릴 줄 알게 된다.

자기 내면의 나약함을 누구보다 잘 아는 사람은 바로 자기 자신이다. 그래서 내 위치에 어울리지 않는 나약함을 부끄러워하기도 하고 강해 보이는 사람을 부러워하기도 한다. 징징거리거나 엄살을 떨 필요는 없지만 자신의 나약함과 마음의 출렁거림을 부인할 이유도 부끄러워할 이유도 없다. 솔직한 그대로의 모습이 자신에게도 후배들에게도 도움이 될 수 있다.

'때때로 두렵고 불안하고 무력하게 느껴지는 순간이 있지만 그게 다가 아니라는 것을 알고 있다'고 솔직하게 말하면 된다. 오랜 세월 현장을 지켜 온 우리는 이미 서비스의 고수다. 내가 최고의 서비스 요원이라서가 아니라 최고의 인생을 꾸려와서가 아니라 바로 지금 이 순간 서비스 현장에서, 인생 현장에서 울고 웃으며 서 있기 때문이다.

삶으로 시를 쓰기

앞만 보고 열심히 달려왔다는 삶을 우리는 높게 평가하기도 한다. 물론 훌륭한 인생이다. 불가피한 환경적 측면도 있고 우리 사회가 어느 정도는 조장하고 강요한 측면도 있다.

딸을 좀 더 풍요롭게 키우려고 학원 강의를 시작했다는 후배가 있었다. 일 년쯤 뒤에 어떻게 지내는지 물었더니 일이 너무 많아져서 아이랑 말할 기운도 없고 아이가 뭘 물으면 화만 내는 때가 많다고 대답했다.

"아이를 위해 시작한 일인데 이제는 일 때문에 아이는 뒷전이 됐다는 거야?"

내 말에 그녀는 한 대 맞은 듯이 깜짝 놀라며 그런 생각은 해 본 적이 없다고 했다.

그녀뿐만 아니라 우리는 이렇게 살아갈 때가 많다. 허리를 펴고 인생의 목적이라는 먼 곳을 바라보는 시간이 필요하다. 앞사람의 발

뒤꿈치만 바라보는 군대 행군처럼 달려서는 어느 날 문득 가시로 뒤덮인 사막에 서 있는 자신을 발견할 것이다. 거기서 메마른 감정 에너지를 억지로 짜내 감정 노동을 계속한다면 어떻게 될까?

시카고 대학의 크리스토퍼 시Hsee, christopher K.가 실시한 심리 실험은 시사하는 바가 크다. 실험 대상자들은 시끄러운 소음과 편안한 음악을 선택해서 들을 수 있지만 소음을 들을 때는 보상으로 초콜릿을 받을 수 있게 했다. 단 초콜릿은 그 자리에서 먹어야지 가져갈 수는 없다. 즉 '보상물의 축적'이 불가능하다. 실험 전 사전 인터뷰에서 몇 개의 초콜릿이 적당한가를 물었는데 4개라는 평균 답이 나왔고, 실제로 사람들은 4개 정도의 초콜릿만 먹을 수 있었다. 자, 그럼 사람들은 평균 몇 개의 초콜릿을 획득했을까? 이미 4개 정도만 먹을 수 있고 그 이상은 소용이 없다는 것을 알고 있는 상태니까 사람들은 역시 4개의 초콜릿만 얻고 편안하게 음악을 즐겼을까? 아니면 조금 욕심을 부려 5개나 6개?

놀라지 마시라. 사람들은 평균 11개의 초콜릿을 얻었다. 원하는 바를 얻었고 굳이 노력을 기울일 필요가 없는 데도 노력을 멈추려 하지 않는 이런 경향을 연구자들은 '맹목적 축적'이라고 부른다. 목적이 이루어져도 피로로 지칠 때까지 달려가는 현대인들의 슬픈 자화상이다.

크리스토퍼 시는 이 실험을 근거로 현대인들은 아무리 기술이 발달하고 생산성이 높아져도 나가떨어지도록 축적에 매진하며 영원히

과로에 시달릴 것이라고 예언한다. 자기 목적을 위해서가 아니라 서로를 곁눈질하며 '저 사람이 저렇게 성취를 하는데 나도 가만있을 수 없지.' 하면서 피로를 전염시킨다는 것이다.

앞만 보고 열심히 달리는 삶이 미덕인 고성장의 시대가 있었지만 이제는 아니다. 앞만 보는 대신 길가의 풍경도 보고 옆의 사람도 보고 무엇보다 나를 들여다볼 줄 알아야 한다.

브라질의 저명한 심리학자이자 정신과 의사인 아우구스토 쿠리 Augusto Jorge Cury 박사는 〈생각의 심리학〉이라는 저서에서 우리에게 이렇게 말한다.

'아름다움을 음미한다는 것은 삶으로 시를 쓰는 것이다.'

때때로 걸음을 멈추고 주위의 아름다움을 음미하는 시간을 가져 보자. 누구라도 삶으로 시를 쓸 수 있다. 작은 꽃 한 송이의 빛깔을 느낄 수 있다면, 집 근처의 공원에 나가 새소리에 귀를 기울일 수 있다면, 누군가의 작은 친절에 감사할 수 있다면 그 삶은 한 편의 시다.

인생 대신 단어를 바꿔

몇 년 전 전업주부로 있던 친구가 사회에 나가서 일해 보겠다는 결심을 하고 몇몇 시민 단체에 이력서를 제출하였다. 그녀는 자기가 쓴 자기소개서가 영 마음에 들지 않는다고 나한테 의견을 구했다. 나 역시 곁에서 그 친구가 얼마나 열심히 살아왔는지를 봐 왔기 때문에 그녀가 쓴 자기소개서가 그녀의 인생을 표현하기에는 어딘가 부족하다고 느꼈다. 그래서 그녀의 삶이 좀 더 생생하게 느껴지도록 표현을 조금 바꾸어서 그녀에게 보여 주었다. 그러자 그녀가 갑자기 눈물이 그렁그렁한 얼굴로 이렇게 말하는 것이다.

"내 인생이 이렇게 멋졌던 거야?"

내 글 솜씨가 뛰어났던 것일까? 그렇다고 주장하고 싶지만 아쉽게도 진실은 아니다. 그녀가 쓴 글에 몇 개의 단어를 넣거나 표현을 살짝 바꾼 것뿐이니까. 가령 '아이가 태어나고 아무도 돌봐줄 사람이 없어 한동안 주부로 지낼 수밖에 없었습니다. 그러나 일에 대한 열정은 여전했고 앞으로도 열심히 일하려 합니다.'라는 표현을 '아이가 태어나 좀 다른 길을 걷게 되었습니다. 아이와 함께 이제까지 경험하지 못한 새로운 모험에 도전하게 된 것입니다. 그 속에서 배운 헌신과 사랑은 앞으로 제가 하게 될 모든 일에 큰 밑거름이 될 것입니다.'라는 식으로.

집단 상담이 있을 때 즐겨 해 보는 작업이 두 가지 있다. 첫 번째는 자신이 쓴 부정적 단어를 긍정적 단어로 바꿔 보는 것이다. '나는 우유부단해'를 '나는 신중해'로, '나는 너무 나대'를 '나는 적극적이야'로, '나는 느려 터졌어'를 '나는 느긋해'로 바꿔 보는 것이다. 자기 자신뿐만 아니라 가족이나 직장 동료의 마음에 안 드는 점도 이렇게 바꿔서 생각하고 표현해 볼 수 있다. 이런 작업은 우리로 하여금 우리 자신과 대상을 다른 관점으로 바라보게 한다. 다른 사람들은 다 행복하고 유능한 것 같고 나는 어딘가 부족한 것 같다면, 남들에게는 잘 숨기고 있지만 나 자신이 영 내 마음에 들지 않는다면 그 약점을 반대 의미의 단어로 바꾸어 보라. 아마 바로 그 단어가 당신의 진정한 모습일 것이다.

수동태보다 능동태로

　수동적인 표현을 적극적으로 바꿔 보는 것으로도 내 인생을 더 적극적으로 바라볼 수 있다. 상황에 밀려 어쩔 수 없었다는 표현을 내가 선택했다는 표현으로 바꿔 보는 것이다. '어쩔 수 없이 전업주부가 되었다'가 아니라 '모든 상황을 고려하여 전업주부가 되기로 선택했다'로, '형편 때문에 어쩔 수 없이 직장으로 밀려 나왔다'가 아니라 '이제 직장에 도전해 보기로 했다'로, '어쩌다 보니 그 사람과 결혼하게 되었다'가 아니라 '마침내 그 사람과 결혼하기로 선택했다'로 바꿔 보는 식이다.

　사실 우리가 '어쩔 수 없었다', '그럴 수밖에 없었다'고 표현하는 주장을 샅샅이 살펴보면 거기에 우리 선택과 주도성이 하나도 없는 경우는 드물다. 물론 아이를 돌봐 줄 시어머니나 친정어머니가 계셨다면 사표를 내는 대신 마음 놓고 직장 생활을 계속했을 것이다. 형편이 넉넉하다면 아이를 두고 원하지 않는 직장 생활을 할 필요는 없었을 것이다. 멋진 이성들이 모두 내게 구애를 하고 내 선택의 폭이 한없이 넓었다면 우리 남편이나 아내는 나와 결혼하는 영광을 누리지 못했을지도 모른다. 그러나 그게 전부일까?

우리는 어쨌든 모든 상황을 고려해서 최선은 아니지만 그래도 가장 나은 어떤 것을 선택한다. 아이를 눈 질끈 감고 마음에 덜 드는 보육 시설에 맡길 수도 있었고, 아이를 키우는 일이 더 중요하니까 씀씀이를 줄이며 가정을 지킬 수도 있었고, 싱글로 사는 한이 있어도 이 사람과 결혼하지 않을 수도 있었다. 그러나 우리는 모든 여건을 고려하여 결론을 내리고 그렇게 선택했다. 우리가 어쩔 수 없이 그렇게 됐다고 생각한다면 그 상황에 내가 책임질 여지는 적고 내가 주도적으로 움직일 이유도 적고 배울 바도 적다. 원망과 짜증이 날 가능성이 높다. 내 선택의 결과라고 생각한다면 같은 상황이지만 다르다. 책임을 지고 노력하고 좋은 점을 찾고 그 속에서 얻는 배움을 소중히 여길 것이다.

우리 아이가 어릴 때 놀이터 같은 곳에서 '나는 이렇게 전업주부나 하고 있을 사람이 아닌 전문적 능력이 있는 사람'이라고 은근히 강조하는 엄마들을 만나곤 했다. 그런 사람들일수록 육아를 행복해하지 않았다. 똑같이 마트에서 판매원을 하면서도 어쩔 수 없이 직장에 나왔다고 생각하는 사람은 직장 생활의 즐거움보다는 스트레스에 더 주목할 것이 자명하다.

어쩔 수 없이 떠밀렸다고 여기는 상황을 모두 내가 선택했다는 관점으로 다시 바라본다면 내 삶 전체를 새로운 눈으로 음미할 수 있게 된다. 그리고 그동안 배우고 성장한 내 모습을 애정 어린 시선으로 바라보면 우리는 내 친구가 내게 했던 말과 똑같은 말을 하게 될지도 모른다.

"내 인생이 이렇게 훌륭했던 거야?"

아름다운 도전자

　1960년대 예일대의 심리학과 스탠리 밀그램^{Stanley Milgram} 교수는 많은 논란과 관심을 받은 유명한 심리 실험을 실시했다. 밀그램 교수는 나치의 대량 학살을 겪으며 어떻게 그 많은 사람들이 유대인을 가혹하게 죽이는 일에 동조할 수 있었는지 알고 싶었다. 그는 그 이유를 다른 사람처럼 '특수한 게르만식 권위주의적 성격'에서 찾지 않고 '인간 보편적인 요인'이 있을 것이라고 가정한 것이다. 그는 도덕적인 사람이라도 파괴적인 명령에 굴복할 수밖에 없는 상황에 원인이 있었을 것이라는 가설을 세웠다.

　수백 명의 지원자를 모아 가짜 전기 충격 기계로 대상자에게 치명적일 정도의 전기 충격을 가하라고 요구했다. 물론 이 대상자는 고용된 배우로 고통을 연기만 하는 것이다. 피실험자들은 배우를 가짜 충격기에 묶고 배우가 단어를 틀릴 때마다 전기 충격을 가하는데 전기 충격은 점점 강도가 세지고 배우는 비명을 지른다. 피실험자가 당황해하면 실험 진행자는 충격이 그리 해롭지 않다며 충격을 계속하라고 단호하게 말한다. 물론 이 모든 것이 연기지만 피실험자는 그 사실을 모른다.

자, 어느 정도의 사람들이 이 비인간적 전기 충격을 가하는 일을 단호하게 거부했을까? 배우의 비명이 진짜라고 여기면서도 이 실험을 계속한 사람들은 어느 정도일까? 놀랍게도 65%의 사람들이 이 실험을 계속했다. 이 결과에 밀그램 자신조차 놀라움과 실망을 금할 수 없었다고 한다. 이런 불합리한 복종을 한 사람들이 특별히 도덕성이 결여된 사람도 아니었다.

이 실험을 소개하는 이유는 우리 인간은 권위에 복종하는 보잘것없는 존재라는 것을 말하려고 하는 것이 아니다. 이로부터 30여 년이 흐른 뒤 이 실험에 참여했던 사람을 추적 조사한 로렌 슐레이트 교수의 연구가 더 흥미롭다. 2075년까지는 피실험자의 자료가 기밀 사항이었지만 그녀는 어려움 끝에 당시 복종을 선택한 한 사람의 삶을 추적하고 심층 인터뷰를 진행할 수 있었다. 당시 실험 과정에서 쉽게 권위에 순종해 버린 이 사람의 삶은 우리에게 많은 시사점을 준다.

실험 당시의 자기 행동에 충격을 받은 그는 자기의 피동적인 태도를 직시하고 인생을 이전과는 전혀 다르게 설계해 나갔다. 부끄러워하던 자신의 동성애적 성향을 공개하고 세속적인 가치관을 떨쳐버리고 빈민 운동가의 삶을 선택한다. 그는 인터뷰에서 진정한 자기 모습으로 행복하게 살 기회를 준 실험 설계자 밀그램 교수에게 감사한다고 말한다. 아이러니다. 인간이란 얼마나 무력하고 수동적 존재인지를 증명한 이 실험이 오히려 한 사람의 인생을 적극적으로 도전하게 만든 것이다.

지금도 인간이 얼마나 권위 앞에 취약한 존재인지, 자기 주도성을 얼마나 쉽게 포기하는 존재인지를 설명하는 자료로 이 실험이 많이 인용된다. 심리 실험이란 우리 인간이 어떤 존재인지를 설명해 주는 자료인 것은 분명하다. 그러나 감동적인 이 후속 연구를 통해서 '인간은 자기의 약점을 만나는 것으로 끝나지 않고 그 상처를 딛고 새롭게 도전하는 존재'라는 것을 알게 된다.

우리 역시 65%의 무력함을 지닌 존재일 가능성이 높다. 그러나 우리 역시 이 실망스러운 수치를 딛고 도전할 수 있는 존재이기도 하다. 아무리 강인한 내면을 가졌다고 해도 상처받지 않는 사람은 없다. 다만 그 상처를 딛고 일어서는 것이다.

어제와 같지만 다른 오늘

우리 모두는 그동안 이런저런 교육을 받으며 고객을 다루는 법을 배워 왔고 스스로도 불량 고객을 상대로 의연할 수 있는 마음의 자세를 터득해 왔다. 상처받지 않는 태도, 상처를 치유하는 방법들을 이리저리 더듬어 보며 이 자리까지 왔을 것이다. 그런데도 아직 내 안의 상처들이, 그들이 할퀸 흔적이 너무 생생해서 잠잠히 아물 기색이 보이지 않는다면 어떻게 해야 할까?

상처를 안고 있는 것은 내가 살아 있다는 증거다. 이 상처를 묵묵히 싸매고 다독일 수 있는 사람도 결국은 나 자신이다. 상처를 싸매고 그것에 딱지가 앉아 더 단단해질 수 있으려면 상처를 딛고 다시 도전하는 길밖에 없다.

가까운 지인이 이런 경험담을 들려주었다.

"상담을 받고 집에 돌아오는 중이었어요. 갑자기 뭔가 울컥하더니 하엾없이 눈물이 쏟아지는 거예요. 길가 벤치에 주저앉아 두어 시간을 울었나 봐요. 그동안 내가 얼마나 세상을 두려워하고 있었는지, 그 두려움을 피하려고 나 자신도 가족도 많이 들볶았구나 선명하게 보이더라고요. 혹여라도 사랑하는 사람들을, 소중한 것들을 잃을까 봐 전전긍긍했던 거죠. 그 후로는 어제와 같지만 어제와는 확연히 다른 삶이 펼쳐졌어요. 물론 여전히 문득문득 두려움과 불안이 오지만 전과 같지는 않아요. 피하지 않고 바라고 볼 수 있게 되었어요. 다시 일어설 것을 아니까요. 사실 그날 상담 내용은 기억도 잘 안 나요. 그 뒤로 상담을 더 가지도 않았고요. 신기하죠?"

불량 고객도 마찬가지다. 도전 과제일 뿐이다. 어제와 같은 오늘이지만 어제와는 분명 다른 오늘이다. 이 도전의 의미는 몇몇 자기계발서들이 주장하는 도전과는 다르다. 자기를 이기고 죽을힘을 다해 원하는 일에 도전해서 마침내 성공을 거두는 도전이 아니다. 지금 서 있는 바로 이곳에서 가장 마음 편한 길로 가고자 하는 도전이다.

세상이 가르치는 물질주의의 시선으로 내 삶을 재단하면 권력도 돈도 없는 초라한 인생일 뿐이지만 노력과 땀과 내공이라는 인간미의 관점에서 바라보면 내 인생은 그 누구의 것 못지않게 아름답다. 이런 관점이라면 우리가 아무리 힘든 진상 고객에게 험한 꼴을 당한다 해도, 아무리 굴곡 많고 거친 인생을 살아왔다 해도 우리의 강인한 삶의 뿌리는 흔들리지 않는다. 그리고 불량 고객도 삶의 고통도 도전의 하나일 뿐이다.

내 손에 남은 두 조각의 쿠키

　이제 겨우 열네 살의 나이에 믿을 수 없는 고통 앞에 선 아이를 상담한 적이 있다. 외삼촌이 목메어 자살한 현장을 엄마와 함께 수습한 지 얼마 되지 않아 엄마까지 똑같은 방법으로 세상을 떠나 버린 것이다. 나는 몇 번에 걸쳐 아이가 겪은 상실감과 두려움, 원망을 눈물 흘리며 함께 나누었다. 그 상담이 끝날 때면 나조차도 쉽사리 괴로움을 떨쳐 버리지 못했다.

　어느 날은 상담을 끝내고 밖으로 나왔더니 좀 전에 상담을 마친 그 아이가 상담실에서 받은 쿠키 두 개를 친구에게 뺏기지 않으려고 팔을 위로 뻗치고 까치발로 장난하는 모습이 보였다. 한참의 실랑이 끝에 마침내 친구를 따돌리고 폴짝폴짝 뛰어 달아나는 아이의 뒷모습을 나는 오래도록 바라보았다.

　나도 모르게 한줄기 눈물이 흘러나왔다. 그리고 나도 모르게 중얼거렸다. 하느님, 감사합니다. 그 황무지 같은 상황에서도 아이다운 천진함을 잃지 않은 어린 그녀에게 고마웠고, 아이들에게 헤어나기 힘든 상처를 준 그녀의 엄마에게도 감사했다. 자살을 감행할 만큼 심한 우울증을 앓으면서도 아이가 이토록이나 삶의 발랄함을 잃지 않게 양육한 것이 아닌가. 왜 어린 딸을 두고 무책임하게 세상을 떠났는지를 따져 묻고 싶었던 나의 부정적인 마음을 그 순간 털어 버릴 수가 있었다. 그리고 삶의 튼튼함에 감사했다. 청천벽력 같은 일들을 예고도 없이 맞이한 저 아이마저도 이처럼 질기게 삶에 뿌리내리고 있지 않은가. 나는 삶의 강인함과 아름다움에 압도되어 가슴이 벅차올랐다.

어린 그녀가 내게 준 선물은 내가 어려움을 겪는 순간마다 내게 위로를 주고 방향성을 안내해 줄 것이다. 그만 내팽개치고 싶을 만큼 신물 나는 삶의 국면에서도 내 손에 쥐여진 두 조각의 쿠키가 여전히 달콤하다는 사실을 결코 잊어서는 안 된다는, 아름답고 숙연한 가르침 말이다.

이런 우리에게 불량 고객은 없다. 그저 소중한 고객, 스승이 거기 있을 뿐이다. 바람은 언젠가 그치기 마련이다. 마음의 흔들림도, 불확실한 삶의 두려움도, 몰려왔다 지나가게 그냥 두면 된다. 잘 자란 나무가 바람에 가지가 흔들리도록 두듯이.

우리가 나무란 사실, 흔들리면서도 잘 살아간다는 사실, 흔들리는 순간에도 틀림없는 나무라는 사실, 고객의 어떤 것도 우리의 소중한 오늘을 파괴할 수 없다는 사실, 가슴이 떨리고 숨이 막힐 것 같아도 여전히 나는 소중하고 아름다운 존재라는 진실이 그 뿌리를 지탱하는 한 우리는 감정 노동의 고수다.

기적의 해법은 없어

"어떡할 거야? 응? 물어내, 물어내란 말이야! 이 피부 보여? 다 뒤집어진 거 보이냐고? 니네들이 이거 팔아먹었잖아? 백화점에서 비싼 화장품을 팔았으면 책임을 지라고, 책임을!! 왜? 왜 대답을 안 하고 계속 고객님 고객님만 부르냐고, 응? 뭐, 진정? 내가 지금 진정하게 생겼어? 나 절대 못 참아, 니들을 전부 엮어서 감방에 처넣고 말 거야. 야! 너, 너부터 이리 와 봐, 머리끄덩이를 확 다 뽑아 버릴 참이니까."

이런 사례 앞에 당신이 섰다. 뭐라고 답해야 하겠는가? 뭐라고 말해야 저 답도 없는 고객이 깨갱하고 힘 한 번 못 쓰고 미안하다고 말하며 돌아서겠는가? 책을 여기까지 읽었다면 그 정도는 척 떠올라 줘야 읽은 보람이 있지 않겠는가?

모르겠다고? 저렇게 막무가내로 들이미는 열 받은 인간을 무슨 수로 달래고 제압하겠냐고? 당신이 한번 말해 보라고?

감정 노동자로 살아남는 내용의 책을 2권 이상 쓰고 있다면, 앞에서 그렇게 잘난 척 떠들었으면, 이런 진상들을 한방에 제압할 마법의 한 마디 정도는 알려 줘야 하는 것 아니냐고? 수영 코치도 이론을 가르치고 나면 이렇게 해 보라며 멋진 포즈를 보여 주고, 댄스 강사도 루틴을 가르친 다음에는 자기 춤을 보여 주는데 당신도 이런 까다로운 사례를 그림처럼 해결하는 장면을 보란 듯이 시연해 줘야 하는 것이 아니냐고?

그렇다. 밥을 먹었으면 밥값을 해야 하고 책을 팔아먹었으면 책값을 해야 한다. 그래서 이 순간 부끄럽기 그지없다. 한없이 미안하다. 아무 답이 떠오르지 않는다. 저 고객 앞에 마주한 나를 상상하면 나 또한 그저 숨이 막힌다. 막막하다.

고백하건대 나도 당신과 다를 바가 없다. 더 솔직히 말하자면 이런 고객을 단숨에 굴복시킬 해법 같은 것이 이 세상에 존재한다고 믿지도 않는다. 그런 것을 기대하며 이 책을 들었다면 정말 미안하다.

법륜 스님은 강의에서 자주 이런 말을 한다. 하루에도 몇 번씩 수행거리가 생기는 당신들이, 산에 사는 우리 수행자들보다 훨씬 자신을 닦을 기회가 많다고. 은근히 부러움을 담아 말한다. 저런 진상들을 피해 조용히 산에라도 살고 싶은 우리로서는 그게 부러워할 일인지 도무지 알 수 없지만 도를 닦지 않고서야 이런 고객 앞에서 평온한 마음이 되기 어렵다는 것만은 확실하다.

"도를 아십니까?"

한동안 지하철역 앞에서 이런 말을 하며 내 소매를 끄는, 도무지 도를 알 것 같지 않은 사람들을 만나곤 했다. 그들이 결코 도인으로 보이지 않던 이유는 내가 뿌리쳐도 뿌리쳐도 자꾸만 내 소매에 매달렸기 때문이다. 도의 기본은 집착에서 벗어나는 것이라는데 뿌리치는 사람에게 왜 그리 집요하게 매달리는지.

그렇다면 현장에서 도를 닦는 기본도 마찬가지일 것이다. 여기서 반드시 이 고객을 해결하고 말겠다는 고집, 저런 진상을 만나다니 오늘 재수 없는 날이라는 좌절감, 나를 깔보는 태도에서 오는 모욕감, 이런 것에 매달리지 않음으로써 나를 지키는 것, 그것이 해법 아닌 해법이다.

그래도 행복은 있어

해법은 없지만 행복은 있다. 눈물 젖은 빵을 먹어 보지 못한 사람과는 인생을 논하지 말라는 말이 있다. 직장에서 고객에게 당하고 상사한테 비난받고 동료들로부터 수근거림을 당하고 나서 인생이란 얼마나 무가치한 것인지 고민해 보지 않은 사람과는 인생에 대해 이야기하지 말라는 말과 같은 말이다. 사랑도 동료애도 우정도 다 바운더리가 깨지지 않았을 때의 이야기다.

함께 손잡고 가야 할 동료가 내 뒤에서 나를 평가하고 손가락질하면 어떨까? 그 동료와 오늘 하루 종일 얼굴을 맞대고 일을 해야 한다면 출근하는 발걸음이 떨어질까? 도대체 이 동료는 나한테 왜 이러는 걸까?

동료는 당신을 평가하려고 해서 평가하는 것이 아니다. 스스로 위기를 느껴서 평가하는 것이다. 그것이 무엇이든. 그 말을 하지 않으면 본인이 직장에서 얼마나 가치가 있는지 알아주지 않을 것 같아서 그러기도 하고 자신이 얼마나 매사에 정정당당한 판단을 하는 사람인지 알아주지 않을까 봐 그러기도 한다.

직장에서 이런 일이 있었다. 입사한 지 아직 1년이 안 된 한 여직원이 임신을 했다. 당연히 축하해 줄 일이고 나라의 미래를 위해 또한 우리의 노후를 위해 고마워해야 할 일이다. 하지만 현실적으로 직장이라는 데는 그렇지 않다. 사람들이 모여서 수군거린다.

"입사한 지 1년도 안 돼서 임신이라니. 그래도 되는 거야?"

"임신하려고 취업한 건가?"

이렇게 말하는 사람들은 오너도 아니고 중간관리자도 아닌 일선 평직원들이다. 그것도 다른 팀의 직원들. 그 여직원이 출산 휴가에 육아 휴직을 받아도 전혀 영향받을 일 없는 다른 팀 직원들이다. 당사자가 들으면 기분 나쁠 일이다. 하지만 말하는 사람들은 그런 것에 개의치 않는다. 당사자가 앞에 없으니 무슨 문제란 말이냐 하는 태도다.

만일 당사자가 이 말을 들었다면 어땠을까? 태교를 위해 안 들었으면 좋았을 일이지만 이 말이 당사자 귀까지 전달되는 데는 그리 오래 걸리지 않는다. 문제는 당사자의 처리 방식에 따라 달라진다.

이것이 우리 아이의 탄생을 거부하는 것이냐? 라고 받아들인다면 (선뜻 축하해 주지 않았으니) 완전히 틀린 것은 아니지만 이 인생 힘들다. 그저 할 일 없는 사람들의 뒷담화 정도로 받아들이고 더 가까운 동료들에게 위로받는다면 꼭 나쁘다고 할 수는 없다. 돈독한 우정에는 뒷담화만 한 것이 없다. 그리고 어떤 이의 말로도, 어떤 이의 비난에도 흔들리지 않는 진실이 있으니 그것은 태아의 소중함이다. 아이가 살아 숨 쉬고 있다는 사실만큼 소중하고 명확한 진실은 없다. 그것을 느낄 수 있는 산모와 그렇지 않은 산모와는 가는 길이 다르다.

모든 직장인이 직장에서 인정받기를 꿈꾼다. 만화 〈미생〉의 주인공처럼 상사에게 '더할 나위 없는 직원'이 되길 바란다. 하지만 실상은 어떤가? 윗사람에게 지적당하고 다른 동료보다 처지고 동료들이 칭찬받을 때 아무도 나를 인정해 주지 않으며 사회성도 부족해서 연줄도 없고 평가에서 하위를 기록한다. 그것만도 힘든데 가끔 실수라도 할라치면 이 직장 그만 둬야 하나 그런 생각이 머릿속에 가득하다.

이 세상 모든 책에는 가치 있게 사는 법, 의미 있게 사는 법, 성공하는 법, 그도 저도 아니라면 돈 버는 관상과 풍수지리에 관한 책까지 나와 있는데 내 삶은 가치 있고 의미 있기는커녕 매일이 치이는 인생이다. 내가 세상에 나와 하는 일이라곤 숨 쉬는 일밖에 없는 것 같다.

숨 쉬는 일.

맞다. 당신이 왜 그런 일을 겪었느냐 하면 세상에 가장 중요한 일이 '숨 쉬는 일'이라는 것을 알게 하기 위해서다. 당신이 가치 있게 사는 일보다, 당신의 삶이 의미를 지니는 일보다 더 중요한 일이 당신이 숨 쉬고 살아 있다는 사실이다. 그런 의미에서 무가치가 가치를 이긴다.

"내 인생은 쓸모없는 것 같아요."라고 말하는 사람에게 나는 이렇게 말한다.

"당신은 빗자루가 아니니 쓸모는 없어도 됩니다. 쓸모는 빗자루에게나 맡깁시다. 당신이 살아 있다는 게 이 세상의 축복이자 인생의 의미입니다."

행복하지 않다고? 살아 있다는 것이 행복이다. 의미 있게 살고 싶다고? 당신의 삶이 바로 그 의미다. 쓸모 있는 인간이 되고 싶다고? 당신의 존재 그 자체가 바로 쓸모다. 당신이 뭘 해야 쓸모가 있는 것이 아니다. 당신 그 자체가 이 세상의 쓸모다.

남에게 칭찬받고 인정받는 인생? 보란 듯이 성공한 인생? 그래서 부모님을, 가족을 기쁘게 하는 인생? 주변 친구들에게 인정받는 인생? 직장 동료들에게 무시당하지 않는 인생? 이런 바람들이 당신이 지금 이 순간 숨 쉬면서 존재한다는 그 의미를 뛰어넘지 못한다.

이 사실을 알지 못하면 칭찬받을 때 반짝 기뻐하고 누가 치켜세워 줄 때 으쓱하다가 조금만 폄하하는 사람을 만나면 수직으로 낙하하는 삶에서 벗어나지 못한다.

직업의 소명도 마찬가지다. 내 직업의 소명은 무엇인가? 이 질문을 하기 시작했다면 그리고 그 질문 때문에 괴롭다면 당신은 당신이 살아 있다는 게 얼마나 오진지, 당신이 먹고 있는 음식이 얼마나 소중한지, 그 음식과 옷과 잠자리가 얼마나 감사한지 아직 모르는 것이다. 고민의 끝자락에 반드시 이런 결론이 기다리고 있다.

"이 직업이 나의 소명인지는 모르겠지만, 지금 나를 먹여 살려 주는 이 월급이 무엇보다 소중하다. 지금 내가 숨 쉬고 살아 있는 것이 가장 중요하고, 먹고 살게 해 주는 이 직장이 지금 그 소명을 다하고 있다."

이런 결론 없이 직업적 소명에 대해 하는 고민은 당신을 갈피를 못 잡게 만든다. 이 결론을 먼저 품에 안아야 당신이 원하는, 그리고 삶의 부차적인 요소인 직업적 소명에 대해 올바른 고민을 할 수가 있다.

당신이 숨 쉬고 살아 있다는 것. 그것만이 진실이고 의미고, 축복이다. 당신의 삶이 내겐 감사하다. 그리고 행복하다.

Memo